明远四句

陶继新　樊兴举　著

教育家精神传习录

总顾问　顾明远

山东教育出版社

·济南·

图书在版编目（CIP）数据

明远四句 / 陶继新，樊兴举著. -- 济南 ：山东教育出版社，2025. 8（2026. 2重印）. --（教育家精神传习录）. -- ISBN 978-7-5701-3884-5

Ⅰ. G40-092

中国国家版本馆 CIP 数据核字第 2025VX4222 号

选题策划：周红心

责任编辑：周红心　董　丁

责任校对：任军芳

装帧设计：闫　姝

MINGYUAN SI JU

明远四句

陶继新　樊兴举　著

主管单位：山东出版传媒股份有限公司

出版发行：山东教育出版社

地址：济南市市中区二环南路 2066 号 4 区 1 号　　邮编：250003

电话：（0531）82092660　　网址：www.sjs.com.cn

印　　刷：济南精致印务有限公司

版　　次：2025 年 8 月第 1 版

印　　次：2026 年 2 月第 3 次印刷

开　　本：710 毫米 × 1000 毫米　1/16

印　　张：16.5

字　　数：215 千

定　　价：65.00 元

顾明远 1929年生，中共党员。北京师范大学资深教授，中国教育学会名誉会长，国家教育咨询委员会委员，教育部社会科学委员会副主任，教育部教师教育专家委员会主任，北京明远教育书院名誉理事长。香港教育学院、澳门大学、日本创价大学名誉博士，美国哥伦比亚大学师范学院荣誉教授。曾任北京师范大学附属中学教导处副主任、第二附属中学校长，北京师范大学教育系主任、比较教育研究所所长、文科处处长、副校长、研究生院院长、教育管理学院院长，原国家教委教育发展研究中心专家委员会副主任，国务院学科评议组教育学科评议组召集人，中国教育学会会长，世界比较教育联合会双主席之一，等等。

主编《教育大辞典》《中国教育大系》《中国教育大百科全书》《世界教育大事典》《国家中长期教育改革和发展规划纲要（2010—2020年）解读》等。著有《顾明远文集》《中国教育的文化基础》《中国教育路在何方：顾明远教育漫谈》《我所认识的大先生》等。

1991年获评“全国优秀教师”，1999年获评“北京市人民教师”，2014年获吴玉章人文社会科学终身成就奖，2023年获第四届教学大师奖。

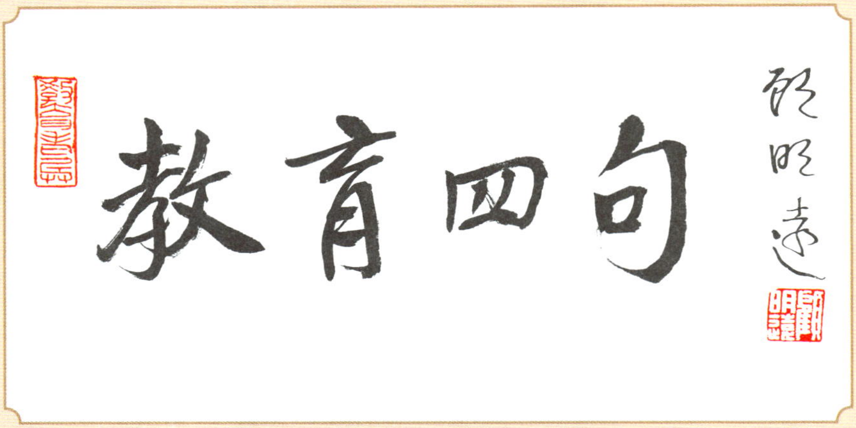
教育四句
顾明远

教育四句

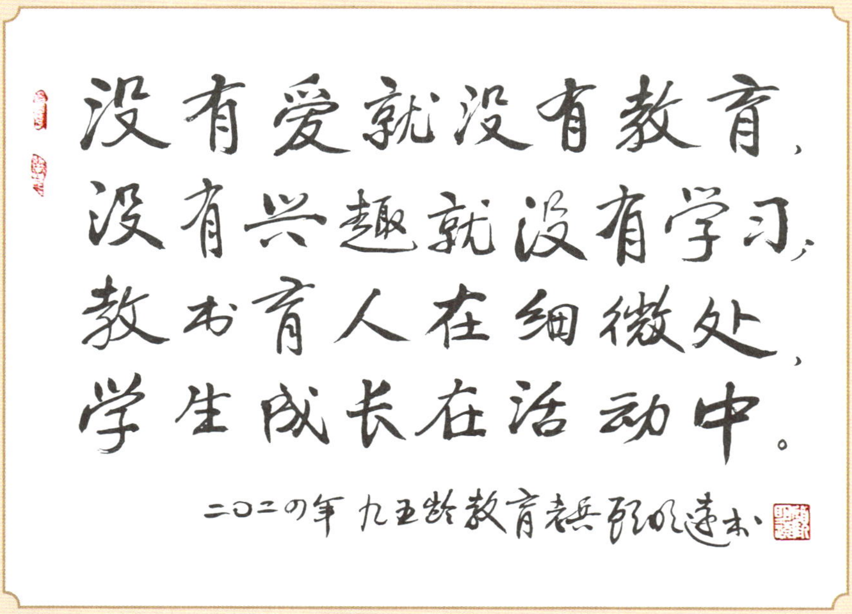
没有爱就没有教育、
没有兴趣就没有学习；
教书育人在细微处、
学生成长在活动中。
二〇二〇年 九五岁教育老兵顾明远书

明远四句

总序

教师是立教之本、兴教之源。习近平总书记提出并全面阐释的教育家精神，体现了对师道文化的传承和光大，为加强新时代教师队伍建设提供了根本遵循。

“教育家精神传习录”是一套彰显和传播中国特有的教育家精神的丛书，旨在通过弘扬教育家精神，以教育家的格局、视野、情怀、智慧全面引领提升教师素养，聚力办好人民满意的教育，进而为建设教育强国奠基。

本丛书主角均系我国当代著名教育家，他们践行着孔子“有教无类”的原则，因材施教于不同的教育群体，产生了积极而又显著的效果。从他们身上折射出来的大爱无涯的精神光芒，照亮了无数青少年的前程，从而引领广大青少年在登临成功殿堂的时候，也将大爱洒向人间。于是，孔子和孟子“仁者爱人”的思想，就有了星星之火点燃燎原之势的壮丽之美。

走进当代教育家的心灵世界，还会发现，他们几乎无一例外地有着孔子高足曾子那种“士不可以不弘毅”的历史担当。他们在走向成功的道路上，躬身践行了孔子“己欲立而立人，己欲达而达人”的“忠道”精神，助推更多的有志之士获得成功、创造辉煌。他们积极弘扬立己达人的精神，在创造自身生命奇迹的同时，也引领更多的人担当起复兴教育的重任。

“人皆可以为尧舜。”每一个人都有着巨大的生命潜能，遗憾的是，这种潜能在很多人身上没有被开掘出来，甚至处于死寂状态。本丛书所写的教育家，不但让自身的潜能勃然而发，而且都秉承着孔子那种“发愤忘食，乐以忘忧，不知老之将至云尔”的终身学习的精神。这种一以贯之之行，让他们成就斐然，在教育界甚至整个社会上产生了巨大的影响。他们不只是在教育理念乃至中外文化上有着很深的造诣，而且又像至圣先师孔子那样，始终行走在教育实践的道路上。他们明白一个道理，即使学富五车，理论高深，如果束之高阁，也会像天上的白云一样，一阵风刮来，便会了无踪影。可将理论与实践有机结合起来，则不但让其本人生成巨大的生命能量，还会产生深远的影响。

我所说的影响，还有一个重要的特点，就是拥有百姓认可的口碑。孟子说：“得天下有道：得其民，斯得天下矣。”我们同样可以这样说：“得教育家之誉有道：得其民，斯得之矣。”教育家扎根于百姓教育的沃土之中，不仅当下生命常青，还会流传后世，在代代相传中，永远闪耀着智慧之光。

对于一般教师而言，也许终生难以登临教育家的精神殿堂，但“虽不能至，然心向往之”。当更多的教师向教育家致敬的时候，在追寻与弘扬教育家精神的时候，其思想境界与教育水平必然会水涨船高，孩子们也就有了健康成长、全面发展的可能，才会在未来为社会做出更大的贡献。从这个意义上说，教育家精神的传播，是个体的需要，更是集体的需要、国家的需要。

本丛书之所以采取对话的形式，是受到对话体《论语》《理想国》等国内外教育巨著的启发。对话不只是有现场感，双方在对话的时候常常会碰撞出思维的火花，让灵感的女神不期而至，对话内容随之有了水到渠成乃至妙笔生花之美。

本丛书大多是陶继新先生与教育家的即兴对话，由现场录音整理而成；有的是他与教育家研究者用文字对话而成。在陶先生出版的70本著作中，对话体占了半壁江山。要想面对不同对象即兴而言，不只需要一种口头表达能力，更需要一种理论与文化功底，尤其是需要实践的支撑。因为书中很多鲜活的案例，都来自他几十年在全国各地采写的典型，所以，当对方谈及某个问题的时候，记忆的火花就会在他的大脑中立即闪现出来。

我非常欣赏“教育家精神传习录”这一丛书名。现在举国上下都在传播教育家精神，而“传习”二字会让人不由自主地想到曾子所言“传不习乎”，以及明朝哲学家王阳明的《传习录》一书。它是在发出强有力的呼吁：古代圣贤重视“传习”，当前，我国教育事业正处在加快高质量发展、建设教育强国的关键期，我们更应当传播和践行教育家精神。

本丛书不仅有着很高的精神价值和实践意义，而且摇曳着文化的韵味。非常期待它的出版，相信它会产生积极而深远的影响。

2024 年 12 月 28 日

目录

第二章 没有兴趣就没有学习

第三章 教书育人在细微处

第四章 学生成长在活动中

附

跋

序

我是小学教师出身

我是小学教师出身，当过中学教师。从教七十多年来，访问过全国几百所学校，学习到许多优秀教师的经验，也看到有些教师还欠缺成熟的教书育人能力。

结合优秀的教育传统，我提出了四句话："没有爱就没有教育，没有兴趣就没有学习；教书育人在细微处，学生成长在活动中。"这四句话是一种教育理念，也是实现立德树人这个教育根本任务所应遵循的四项教育法则。

现在大家都在传播这四句话。如何理解这四句话？可能有不同的理解。感谢陶继新老师和樊兴举老师，他们从学理上和实践案例中来解释这四句话，使我们不仅在理念上澄清了四句话的含义，也从实际案例中学习到优秀教师的经验。

顾明远

2025 年 5 月 15 日

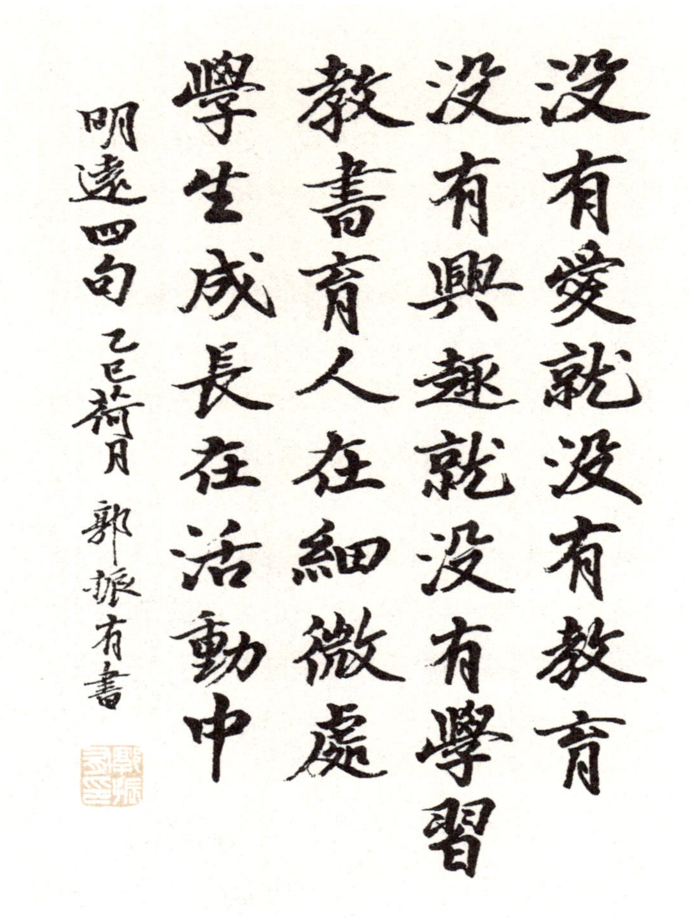

明远四句　国家原副总督学、中国教育学会原常务副会长郭振有书

序二 『明远四句』教育之道

顾明远先生的教育箴言“明远四句”，如四重奏般交织成教育的和弦，在理论与实践的共鸣中叩击教育本质。

“没有爱就没有教育”，是教育灵魂的咏叹调。教育从来不是知识的单向灌输，不是灌满一桶水，而是点燃一团火。教师只有将爱化作春风拂过学生心田，知识才能在情感的沃土中生根发芽。

“没有兴趣就没有学习”，是学习动机的变奏曲。当教育者以智慧的火种点燃学生的求知欲时，学习便不再是苦役，而是探索未知世界的诗意冒险。只有让知识的种子在好奇心的滋养中蓬勃生长，生命才能绽放出绚丽的光芒。

“教书育人在细微处”，是教育智慧的赋格曲。教育如刺绣，师者需以耐心为针，以匠心为线，在时光褶皱里编织生命的经纬。教育不是惊涛骇浪的塑造，而是润物无声的滋养，在看似平凡的细节中孕育着改变命运的巨大能量。

“学生成长在活动中”，是生命成长的交响曲。学生只有投身于丰富多样的实践活动中，知识才能在体验中转化为智慧，能力才能在探索中淬炼成素养。就像古希腊城邦中的教育，青年在体育竞技中锤炼意志，在戏剧表演中陶冶情操，在公民辩论中培育理性，生命在活动中尽情绽放光彩。

一、没有爱就没有教育

顾先生所言“没有爱就没有教育”，道破了教育最本真的内核。因为教育非但授业解惑，更在于以心灯照见生命之途。无爱，则知识如枯叶飘零，精神如孤舟失舵。

孔子“有教无类”的理念，正是以仁爱之心打破阶层藩篱。由此，爱让教育超越了功利的算计，成为滋养生命的精神沃土。

古今中外的教育家，无一不是用爱来滋养学生生命者。苏霍姆林斯基在帕夫雷什中学的实践中，以无限的关怀引导顽童蜕变；古希腊哲人苏格拉底漫步街头，以对话之爱启迪青年心智。这种爱，绝非浮泛的怜悯，而是基于对生命尊严的敬畏、对个体成长的珍视，从而让教育不再是冰冷的理性规训，而是充满温度的智慧对话。

教育之爱更需要化作具体细微的行动。霍懋征老师用 60 年教学生涯诠释“没有教不好的学生”，她为每个学生建立成长档案，用爱心编织教育的神话。陶行知创办晓庄师范时，带着师生同吃同住同劳动，在广袤无垠的田野上书写教育诗篇。

看来，教育之爱，不是居高临下的施舍，而是蹲下来与孩子平视的生命共振。当教师用信任的目光代替苛责，用耐心的倾听代替说教，教育便成为温暖的生命对话。所以，爱不是抽象的概念，而是清晨教室里的第一缕阳光，是课桌旁弯腰倾听的身影，是作业本上饱含温情的批注。当教育之爱化作春风拂过校园的每个角落，知识才能真正绽放出人性的光辉。

在人工智能勃兴的今天，教育正面临前所未有的挑战。教师只有以爱为舟楫，方能引领学生在知识的海洋中破浪前行；只有以爱为火种，才能在教育的原野上燃起不熄的文明之光。

二、没有兴趣就没有学习

顾先生所说的“没有兴趣就没有学习”，深刻地揭示了兴趣在学习过程中的重要作用。

兴趣，是内心深处的一股清泉，汩汩流淌，滋润着求知的田野。它是人类对世界好奇心的自然流露，是探索未知、追求真理的内在动力。当一个人对某件事物充满兴趣时，他的眼中会闪烁光芒，心中会涌起一股无法抑制的热情。这种热情如同熊熊燃烧的火焰，驱使他全身心地投入其中，不知疲倦地探索、钻研。

古往今来，无数仁人志士因兴趣而成就非凡伟业。孔子对学问的兴趣，使他韦编三绝，终成一代圣人，其思想如璀璨星辰，照亮了中华民族的历史长河；祖冲之对数学的痴迷，让他在简陋的条件下计算出圆周率的精确值，为人类的科学进步做出了巨大贡献；达·芬奇对艺术和科学的热爱，使他在绘画、解剖、机械等多个领域展现出卓越的才华，成为文艺复兴时期最杰出的代表之一。他们的成功，无不源于内心深处那份浓厚的兴趣。

真正的教育智慧，在于像园丁培育花木般呵护学生的好奇心：让数学公式在生活场景中显影，让历史事件在角色扮演中复活，让科学原理在动手实验中具象化。当课堂成为探索未知的冒险之旅时，知识便不再是生硬的符号，而是与生命体验共鸣的精神养料。这种始于兴趣的学习，终将内化为终身成长的自主动力。

那么，如何培养学生的兴趣呢？顾先生为我们指明了方向。学校教育要提供适合的教育，要尊重学生的选择权，发挥学生的主体性和主动性。教师要有意识地培养学生的选择意识，根据学生的个性特点引导他们发现自己的兴趣所在。在课堂上，教师可以通过生动有趣的教学方法，激发学生的学习兴趣；在课外，学校可以组织丰富多彩的活动，让学生在实践中体验学习的乐趣。

“知之者不如好之者，好之者不如乐之者。”只有点燃了兴趣之火，才能照亮学习之路，才能让每一个学生在学习的旅程中找到属于自己的精彩。

三、教书育人在细微处

顾先生所说的“教书育人在细微处”言简而意丰，我们可由此深入思考教育的核心要义。

教育的真谛深藏在人类文明的基因密码中。孔子杏坛讲学，“不愤不启，不悱不发”的启发艺术，正是对教育时机的精准把握；《学记》“道而弗牵，强而弗抑”的辩证智慧，道出了教育节奏的韵律之美。这些古老的智慧告诉我们，教育如同刺绣一样精细，师者需要以耐心为针，以匠心为线，在学生的精神素绢上绣出生命的纹理。

其实，教育从来不是宏大的叙事工程，而是浸润在无数个细微瞬间的春风化雨，是师者以生命温度编织的诗意经纬，是在时光褶皱里悄然生长的智慧藤蔓。一句恰如其分的鼓励可能改写学生的自我认知，一次及时的俯身拭泪胜过千万句说教。教师板书时的工整字迹、批改作业时的温暖批注，都在无声地塑造着教育的品格。这些看似微小的教育细节，实则是教育者专业素养的外显，是将价值观教育融入日常的精妙艺术。

在技术理性膨胀的时代，教育更需要守护这份细微处的诗意。当数据化考核将教育简化为冰冷的数字时，当标准化管理把课堂切割成整齐的模块时，我们更需要像顾先生那样，以教育家的情怀守护教育的本真。这要求教育者做有心的“观察者”，在课间闲聊中捕捉学生的思想动态；做智慧的“等待者”，在知识讲授中留出思维生长的空间；做温暖的“陪伴者”，在学生成长迷茫时给予适时的引导。就像春雨润物无声，师者的教育智慧应当像春风一样，拂过学生的心田，唤醒沉睡的种子。

我们如真正领悟“教书育人在细微处”的深意，就能在平凡的教育生活中发现教育的诗意，在琐碎的日常教学中书写教育的传奇。这或许就是教育最动人的模样：师者以春风化雨般的姿态，在时光长河中托起无数生命的星光。

四、学生成长在活动中

顾先生所说的“学生成长在活动中”有着极其丰沛的内涵。因为学生只有投身于活动之中，其生命才能在知行合一的淬炼中绽放光华；相反，如果仅囿于书斋之中，学问终成空中楼阁。

当学生在辩论赛中学习理性表达、在志愿服务中体会责任担当、在社团活动中发展个性特长时，教育便突破了课堂的藩篱，成为多维度的生命体验。这些真实的实践场景，如同立体的教科书，让学生在解决问题中培养精神素养，在团队协作中学会理解包容。正如庄稼的成长离不开阳光雨露，青少年的健康成长需要在丰富的活动中接受历练。

学生活动如万花筒，为不同禀赋者提供舞台，以丰富体验唤醒个性潜能，不仅有成就“各美其美”之妙，更能在交流碰撞中实现“美美与共”之德。恰似孔子门下七十二贤各展风采，活动育人之道正在于让每颗种子找到属于自己的土壤。

活动还是情感的驿站、滋养心灵的绿洲。当学生为贫困山区孩子捐赠图书时，仁爱之心与责任感便悄然生长；当他们在运动会上为同伴呐喊助威时，团队精神与集体荣誉感便油然而生。活动如同流动的溪水，冲刷掉功利教育的焦灼，让心灵在合作、竞争、创造的体验中舒展。正如顾先生所言，活动“不是冰冷的训练，而是温暖的相遇”。在人与人的互动中，学生可学会共情与包容，构建起抵御世俗风霜的精神铠甲。

活动还能突破学生的既有水平，推动其向更高层次发展。每一次活动的挑战，都是对自我的超越。正如登山者在征服高峰时重塑勇气，学生在跨越障碍时会完成人格的升华，逐渐成长为具有批判思维、创新精神与责任担当的完整的人。

毫不夸张地说，顾先生的四句箴言为我们勾勒出了教育的完整图景：爱是教育的灵魂，兴趣是学习的动力，细微处是智慧的栖居地，活动是成长的催化剂。当这四者在教育的天空交响共鸣时，便能奏响生命成长的华彩乐章。

陶继新

2025 年 4 月 17 日于济南

第一章

没有爱就没有教育

一、爱与教育

1. 生命滋养

陶继新 爱有着巨大的生命能量，爱是生命最好的滋养。顾先生的“没有爱就没有教育”意义重大，它是我们做好教育的关键所在。

樊兴举 是的。爱，孕育了生命；爱，充盈了生命；爱，还是生命不息的基因和不竭的力量源泉。

韦唯的一首歌《爱的奉献》之所以风靡全国，就是因为它道出了爱的伟大：有爱，沙漠可变绿洲；有爱，冷漠的世界可变成温暖的人间。

二战中的一个冬天，德国一女士伊丽莎白带着 12 岁的儿子，躲到原始森林的一间小木屋里。在一个风雪交加的夜晚，三个被德国士兵追杀的美国士兵被该女士收留。接着，三个德国士兵敲开了女士的房门。在女士的努力下，敌我双方化干戈为玉帛，成为好朋友，度过了一个跨国大爱的平安夜。60 年后，这个故事被好莱坞拍成轰动全球的电影大片，以光影的形式将这份跨越国界的爱，传递给全世界的观众。

顾先生始终将“爱是生命的本源，亦是教育的起点”奉为圭臬。他以“人生为一大事来”的信念躬身践行，怀着对生命的敬畏之心，将毕生心血倾注于教育事业，用自己炽热的生命之光照亮了无数师生的成长之路。由此，我想起了印度诗人泰戈尔的一首小诗《用生命影响生命》：

把自己活成一道光，
因为你不知道，
谁会借着你的光，
走出了黑暗。

请保持心中的善良，
因为你不知道，
谁会借着你的善良，
走出了绝望。

请保持你心中的信仰，
因为你不知道，
谁会借着你的信仰，
走出了迷茫。

请相信自己的力量，
因为你不知道，
谁会因为相信你，
开始相信了自己……

愿我们每个人都能活成一束光，

绽放着所有的美好！

2. 教育之根

陶继新 鲁迅先生说："教育是植根于爱的。"根深才能叶茂。如果生命缺少了爱的滋养，我们的孩子就不可能更好地成长，更不可能长成"参天大树"。如果对孩子充满爱心，又爱之有方，我们的孩子就可能拥有一个幸福的当下和美好的未来。

樊兴举 顾先生始终把爱作为教育的根基，"明远四句"的首句就是"没有爱就没有教育"。他强调，教育要从爱出发，并要把爱贯穿教育的全过程。他说："当代教育应该把学生放在教育的主体位置。"没有对孩子这个教育主体的爱，就没有教育。爱孩子是教育的根本，老师、家长都要遵循这个根本。

顾先生常讲一个故事：1958 年，他在北师大附中工作。一天早上，他发现学校会议室里睡着一个女孩儿。他开始以为孩子妈妈

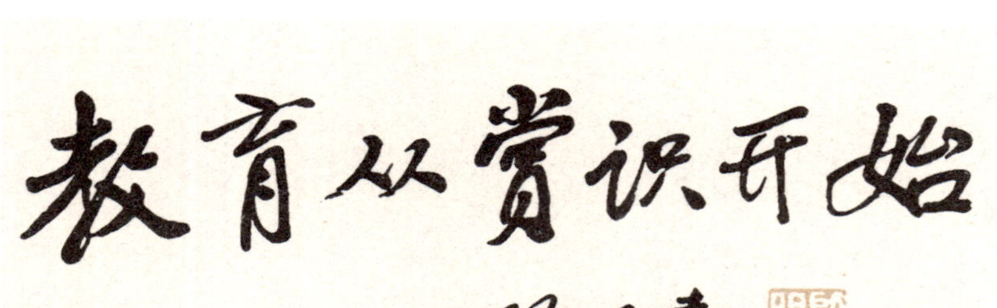

教育从赏识开始

炼钢铁去了，没空接孩子。后来才知道，原来是孩子的妈妈和外婆不喜欢她才不接她。妈妈要求苛刻，孩子做不到，有家难回。顾先生对此深悟：爱对于教育是多么重要！所以，他一直强调：“不爱孩子的父母是不称职的父母，不爱学生的教师就不配当教师。”这个故事，顾先生讲了一辈子。

陶继新　要让教育根植于爱，尤其是让乡村学校的孩子受到爱的滋养，就要想方设法营造一种尊崇乡村教师的社会氛围。这是顾先生一直思考并关注的课题。

他认为：一方面，要尽可能提高他们的经济收入，推行住房等优惠政策；另一方面，要对他们更多地进行精神激励。每逢教师节等重要节日，当地党委、政府除了到名校慰问之外，还要更多地关注乡村学校尤其是偏远村小。

顾先生认为，如何让乡村教师留在农村，在乡村学校里享受到与城区同样的优质学习和培训资源，让他们养成学而成长的习惯，并感受到生命价值实现的精神愉悦，这值得我们每一个教育人尤其是各级教育行政部门深思。

精神的喜悦大于物质的丰盈，生命的成长大于工资待遇的提高。想想孔子的生命际遇，没有丰厚的物质收获，甚至连施其仁政的理想都没能实现，可他却“求仁而得仁”，实现了文化的积聚与升华，收获了“发愤忘食，乐以忘忧”的精神快乐。

诚然，普通教师难以达到孔子的境界，虽不能至，可以心向往之，普通教师可以在乡村教育这片沃土上挥洒生命，在“爱满天下”和“有教无类”中成就自己的教育人生。

樊兴举 谈到重视乡村教育，我想起了顾先生在2017年“寻找乡村教育家活动”颁奖盛典上的讲话。他强调：“我们要响应党和国家的号召，关爱乡村孩子的成长，让乡村的孩子在同一片蓝天下享受优质均衡的教育。”他指出：“没有乡村教育的现代化，就没有中国教育的现代化。”他积极推动全国城乡义务教育基本均衡和优质均衡发展。洋思教育神话的创造者蔡林森校长，就是顾先生关注的一个成功典型。

陶继新 教育部“教育家精神”2024年巡回宣讲团成员杨瑞清，也是一个扎根乡村教育的典范。

1978年，杨瑞清考入陶行知创办的南京晓庄师范。1981年五四青年节，他郑重地向校长递交了一份到乡村学校任教的决心书，并如愿以偿地成了江浦县五里小学的一名教师。当时五里小学只有7名教师、150多个学生、几间透风漏雨的教室和一些破旧的课桌凳，可他认为这正是他挥洒生命的地方。由于工作异常出色，1983年5月，他被破格提拔为团县委副书记。就任后，每逢想到告别班会上孩子们一个个哭成小泪人的情景，他便潸然泪下。于是，几经努力，他辞去了团县委副书记职务，重新回到五里小学当起了教师。

2000年，在人民大会堂神圣的讲坛上，面对4000多位听众，他动情地讲述他和师生们的成长历程，引起一次又一次的热烈掌声。他说，那是一种超越寻常的幸福，那是他自己生命的一次巨大飞跃。

他40余年扎根乡村，潜心开展行知教育实验，昔日落后的村办小学，今天已发展成为集幼儿园、小学、中学和社会实践基地于一体的教育集团，已成为全国中小学生研学实践教育营地、中国华侨国际文化交流基地。

杨瑞清认为，教育的本质就是爱，被爱、施爱和自爱应当是营造和谐校园和追求人生幸福的核心内容。

张桂梅

樊兴举 受到习近平总书记接见的“感动中国”人物张桂梅校长，就是扎根山区、爱满师生的当代教育家的杰出代表。她一生无儿无女，却是170多个孩子的“妈妈”。她说：“如果我是一条小溪，就要奔向沙漠，去滋润一片绿洲。”面对少年丧母、青年丧父、中年丧夫、身患多种疾病等常人无法坚持的厄运，她毅然走进大山，深耕民族教育，创办女子高中。20多年来，她筚路蓝缕，鞠躬尽瘁，把全部身心和积蓄都奉献给了大山深处的孩子。2000多名女孩飞出大山，逐梦远方。她获得了国家“七一勋章”，事迹被写入《中华人民共和国简史》。张桂梅用行动诠释了顾先生“没有爱就没有教育”的深刻内涵，用顽强的生命彰显了中国当代教育家的崇高精神。

3. 家校之本

陶继新 我读过顾先生发表在2018年第8期《中国教师》上的《〈论语〉中的“仁”字》一文。他说：“‘仁’，是孔子培养君子的最高要求，是儒家道德的最高准则。”他认为爱是仁的核心，并引用了孔子的话“弟子入则孝，出则弟，谨而信，泛爱众，而亲仁”。顾先生也非常欣赏孟子的话“老吾老以及人之老，幼吾幼以及人之幼”，这是对一个生活在群体之内的人所提出的要求，即不仅爱自己的家人，也要将爱辐射给更多的人。

教育学论著《学记》提出“三年视敬业乐群，五年视博习亲师，七年视论学取友”。古圣先贤不是只关注考试成绩，还特别关注师生、生生之间的互爱关系。顾先生一贯主张的“爱人”思想与之是一脉相承的。

爱是博大的、无私的，它不祈求报答，只有奉献。正是这种奉献，使世界充满了美好，充满了希望。这种宽广的爱心，净化着我们的社会环境，提升着人们的精神境界。

作为家长和教师，不但自己要有爱心，还要教育我们的孩子和学生要有爱心。当整个社会都充满爱的时候，这个社会就会更加祥和，更加和谐。人们生活在爱的付出与收获中，幸福感怎么可能不油然而生呢？

樊兴举 我办公室一直挂着顾先生亲笔题写的一幅字：“让生命充满爱，让爱充满校园。”后来，郭振有先生又延伸了一下，亲笔题写：“做仁爱的老师，当会爱的家长，育有爱的孩子，办大爱的教育。”这两幅字成为我践行顾先生“没有爱就没有教育”的最高追求。

顾先生强调的“爱满校园”主要包括以下观点：一是校园应该突出学生的主体地位。二是要敬畏生命，讲究平等，尊重每一个学生的人格。三是要尊重差异，反对应试教育的内部竞争和排名。他提倡自主学习、合作学习、共同成长，培养学生在社会上的核心竞争力。四是大爱有方，宽严适度。要防止放纵溺爱和简单粗暴两个极端。五是爱满课堂。要尊重学生的课堂主体地位，要用自主合作学习取代一言堂、满堂灌。六是厚爱无微不至。要关注学生学习、生活，尤其是心理的细微之处，对青春逆反期的孩子要给予特别关爱。让爱充满校园的每时、每地、每个生命，把校园打造成“世外桃源”、精神家园和教育理想国。

关于爱满家庭问题，顾先生曾在 2021 年、2022 年两次撰文阐述。他指出：“近些年来，特别是习近平总书记提出家庭教育的重要性之后，大家对家庭教育更加重视起来。”顾先生强调：“时代变了，婚姻家庭的结构和理念也变了，‘互联网 +’背景下的家庭教育遇到了前所未有的挑战。没有家长不爱自己孩子的，但如何爱便成为一大难题。”

我有一个学生叫张梅。她是一个普通妈妈，又是一个有爱、会爱的妈妈。她用爱温暖孩子，让爱充盈家庭。她和爱人白天打工，晚上在家陪伴孩子读书学习，或与孩子聊天谈心。她用心打造了书香家庭，成为会爱孩子的楷模。虽然家庭经济条件并不宽裕，但她鼓励孩子每周买礼物去看望爷爷奶奶、姥姥姥爷，培养了孩子的孝心。孩子的老师住院，她就带着孩子去看望，培养了孩子的感恩之心。孩子把钱赠送给困难同学，她不仅不责备，反而极力夸赞，培养了孩子的助人之心。车被追尾，她却安慰肇事司机，培养了孩子的同情之心。这位妈妈就这样把无私的大爱植入孩子幼小的心灵。

二、爱的误区

1. 溺爱纵容

陶继新 家长都爱孩子，可是溺爱孩子不是真爱，而是错爱。比如说孩子上一年级，书包应当由他自己整理，可是家长舍不得让孩子动手，就替孩子收拾。长此以往，家长的包办和代替剥夺了孩子锻炼的机会，就把孩子本来应当通过自主行动而掌握的自理能力给扼杀了。长期的越俎代庖，便出现了让人不可思议的一幕：每年大学开学之日，有的家长竟然跟着孩子一起来到学校。干什么呢？替孩子铺床、擦地、打水、整理房间……父母之爱，应当讲究智慧，要着眼于孩子生命的成长。

更有甚者，有的家长对孩子太过放纵，导致孩子从小就为所欲为，甚至发展到触犯法律的地步。

我有一个朋友，非常善良，也很勤劳。遗憾的是，他对儿子一味地溺爱与纵容。他的儿子骗父母的钱，骗了一次给他，第二次再骗还给他，连续很多年都是如此。我曾很严肃地对他说，这样下去是非常危险的。可这个朋友却笑着说："他也没骗别人的，不就是我家的钱叫他花了吗？"结果这个孩子在骗父母屡屡得手之后，又将手伸向了家庭之外，结果被人告发，进了管教所。看来，即使父母非常善良，对孩子一味溺爱，不讲规矩，也不可能教育出优秀的孩子。

樊兴举 孟子曰："不以规矩，不能成方圆。"顾先生讲："爱孩子是一种本能，溺爱孩子则是教育理念、经验和智慧的缺失。"蔡元培指出："对孩子的爱必须建立在纪律和规则的基础之上。"

一味溺爱通常表现有三：

一是包办代替。这会导致孩子自理能力缺失。2017年，山东滨州一朋友带着即将上大学的孙子去看台儿庄古城。早饭时，我看到孩子拿着一个熟鸡蛋在找缝抠。奶奶接过来替他剥，并说道："俺孙子没自己剥过鸡蛋。"2022年暑期开学的第一天，一个家长打电话给我，让老师帮忙给孩子穿上袜子。

二是有求必应。这一点极普遍。很多孩子就是在家长有求必应的溺爱中失去自我的。

三是放任自流。古人云："勿以恶小而为之。"在当代，不少家长从小就对孩子娇生惯养。对不良习惯重视不够、纠正不力，最后"久病难医"，轻则毁了孩子学业，重则毁了孩子一生。20世纪70年代，一个杀人的孩子在刑场上见了妈妈最后一面，乞求吃最后一次奶，结果把妈妈乳头咬掉了。孩子悔恨地说："妈妈，我恨你，如果你不纵容我，我今天就不会被判死刑。"事实证明：严师出高徒，严将出雄兵。当下，弘扬孟母三迁、岳母刺字、诸葛亮诫子等故事中蕴含的中华优秀传统文化，践行社会主义核心价值观，从小培养明是非、知善恶，慎初、慎微、慎独，格物、致知、正心、诚意、修身、齐家、治国、平天下的君子，为党育人、为国育才，是教育的第一要务。

2. 简单粗暴

陶继新 绝大多数教师都爱自己的学生，但有的教师在教育学生的时候简单粗暴，让学生极其难堪甚至产生抵触情绪。

有一个班主任老师，对班里的一个比较调皮的学生非常反感，常常不分场合地对其大加批评。一次家长会，他一气之下，命令这个孩子走到讲台上，对其严加训斥。家长会后，孩子的妈妈对孩子极其不满，孩子的爸爸更是怒从心中起，对孩子大打出手。

其实，这个孩子只是性格太过活泼，比较调皮而已，是教师与家长的简单粗暴让他心生怨恨，自暴自弃。

班主任和家长不是不爱孩子，而是恨铁不成钢，缺少教育的智慧和方法。

后来，一位有经验的班主任为他点破玄机，他才如梦方醒，并慢慢尝试走近学生，用和风细雨、循循善诱的方式来引导学生。结果，不但和学生的关系和谐了，学生的学习也好起来了。看来，教育孩子，不但需要爱心，还要会爱，要让心中之爱为学生所接受，进而构建一种和谐的师生关系。

樊兴举 针对简单粗暴问题，顾先生指出："老师管学生没有错，但是怎样让学生接受你的教育呢？学生不是橡皮泥，可以随意塑造。学生是活生生的人，他有主观能动性，他不是被动地接受教育，而是有选择地接受。"顾先生还强调："学生是千差万别的，教育的方式也应有所不同，简单粗暴只会伤害孩子。"顾先生还经常讲陶行知先生"四块糖"的故事：

有一天，陶行知先生在校园里看到一名男生用泥块砸另一个同学，便立刻制止了他，并要求砸人的男生一会儿去他办公室。当陶行知先生回到办公室时，发现那名男生已经提前到了。陶行知先生并没有批评他，而是送给他一块糖，说："这是奖给你的，因为你按时来到这里，而我却迟到了。"

接着，陶行知先生从口袋里掏出第二块糖，说："这块糖也是奖给你的，我不让你再打人时，你就立即住手了，说明你很尊重我。"男孩迷惑不解，默默接过了糖。

陶行知先生又掏出第三块糖，说："据我了解，你用泥块砸那个男生，是因为他不守规则，欺负女生。这说明你很有正义感，所以我再奖励你一块。"

这时，男孩感动地哭了："校长，你打我两下吧！我错了，我砸的不是坏人，而是自己的同学呀！"陶行知先生满意地笑了，随即掏出第四块糖，递给男孩："为你正确地认识错误，我再奖给你一块糖。"男孩接过糖后，陶行知先生说："我的糖发完了，我们的谈话也该结束了。"

这个故事中，陶行知先生巧妙地运用了"四块糖"进行正面管教，而不是简单粗暴。我们可从中得到以下教育启示：

一是教育不能以成人的标准和规则要求未成年人。否则，标准错位，事与愿违。

二是要尊重孩子的人格，批评要讲究场合。在公共场合批评孩子，容易伤害孩子的自尊心，导致其心理逆反。陶行知先生在办公室里与男孩单独谈话，保护了他的尊严。

三是就事论事，点到为止。陶行知先生没有过多地批评男孩，而是就事论事，让他意识到自己的错误。

四是正向批评。多鼓励，少批评；多对话，少说教；多润物无声，不简单粗暴。批评的同时，要挖掘优点，肯定表扬，让学生意识到自己的价值。陶行知先生四次都是在肯定中纠正孩子的错误，让孩子在平等尊重中改正错误，可谓春风化雨，而不是暴风骤雨。

五是调查清楚后再批评，以免因误判伤了孩子的心。

六是给孩子冷静反省的空间和时间，让其更好地认识错误；因为自责胜于他责，自律才能自新。切忌在双方气头上批评，导致不理性的冲突。

陶继新 班主任老师，尤其是新班主任，年轻气盛，容易通过强势手段压制学生。我采访过一位全国名班主任，他说第一年当班主任时极其负责，但有失简单。

他回忆说，开学之初，小王同学多次在寝室里和同学打扑克，苦口婆心做思想工作也不见效，迫不得已，只好将其家长“请”到学校，并当着家长的面将小王数落一通。小王认为班主任让他在家长面前大丢脸面，自然就滋生了不满情绪。同时，小王与小李是同桌，关系非常好。班主任认为这会影响到他们的学习，便强行将他们分开了。可第二天早上来到教室，他发现两个孩子旁若无人地坐在一起，便非常生气地“勒令”小王返回新座。没想到小王对班主任的话置若罔闻，还一副不屑一顾的样子。班主任立马火冒三丈，伸手要把小王给拉出来。幸好周围的学生将他们分离开，才避免了冲突升级。

此后没几天，他打开教室里专设的班主任信箱，发现一封匿名信，打开一看，竟然全是对他的不满与反感。

庆幸的是，这位班主任在事后及时冷静思考问题的症结，并很好地吸取教训、调整策略，很快就化解了与学生的矛盾。

樊兴举 这个新班主任自我反省的故事，使我想起了著名科学家钱学森提问老师的故事。钱学森在美国上大学时，在课堂上经常向美国教授提问题。有一次，教授被问住了，很难堪。教授就简单粗暴地训斥了他："钱学森，你怎么这么不懂事，哪来那么多为什么，不许再问。"第二天一早，熟睡的钱学森被敲门声叫醒，打开门一看，竟是教授站在门口。教授进屋就说："钱学森，我特来向你道歉的。你昨天课堂上问的问题我研究了一夜，现在我给你讲讲。"这个教授的境界，当下我们的老师有多少人能达到呢？

3. 分数至上

陶继新 现在家长和老师虽然都爱孩子，可是不可否认爱的指向或多或少出现了问题。比如：更多关注学生的考分，弱化甚至忽略了德体美劳等素质的培养。结果，有的学生尽管考分较高，可在其他方面出现了问题。

有一个初三女生，初一、初二每次考试都是班里前三，不料进入初三后成绩大幅下滑。这大大出乎家长和教师的意料，于是，轮番给她做工作。没想到，家长与教师的"围追堵截"，让本就失落的她更加痛苦不堪。又过了一段时间，她竟然因抑郁而休学了。

这无疑是分数至上惹的祸。可是，我们的家长和教师往往认识不到自己的问题，"昨天的故事"在今天依然重复上演着。

顾先生认为，一定要改变这种分数至上的观念，观念出了问题，行为会随之出现问题。

樊兴举 顾先生在《教育路在何方》一书中指出："唯分数是应试教育的产物，'学而优则仕'的传统文化是根源。"他强调，分数竞争导致地区、学校、老师、孩子的竞争，打破了教育的生态与平衡，影响了孩子的身心健康，异化了教书育人的固有使命。

顾先生说："破解唯分数怪圈，高考改革不应只看分数，要看综合素质；要打破唯分数论，优化评价体系，淡化分数焦虑；要提升教师素质，提高课堂水平，减轻学生负担。"顾先生指出，越是在重点学校、升学率高的学校，这种唯分数论越是明显。因为这个优秀群体中任何一员，都曾经有过自己过往的辉煌和骄傲。因此，无论是家长还是孩子，都对成绩高度关注。结果只是将目光聚焦在分数和名次上，势必造成一些孩子的自信心缺失，学习的内驱力不足，形成恶性循环。

顾先生一直强调："学校教育应是学生自主学习，学生之间应是合作关系，而不是竞争关系。"事实证明，分数和排名竞争越激烈，学生患抑郁症的概率就越高。因此，不顾孩子心理健康与生命安全的唯分数、唯名次的家庭和学校，是不合格的家庭、不合格的学校。

陶继新 有一所高中，多年来没有一个学生考入清华北大，2023年一名学生考进了清华。校长为此激动不已，并在学生接到录取通知书的当天下午，带领学校班子全体成员，敲锣打鼓，喜气洋洋地赶到学生家里祝贺并送上奖金。没想到这个学生的邻居是这所学校的考入一所二本院校的学生，听到锣鼓之声，他惊奇地出门看热闹。结果，学校班子成员都对这个学生不屑一顾，径直走到考入清华大学那个学生的家里。这无疑刺伤了这个学生的心，他呆呆地站了好久，才沮丧地回到家里，随后扑到床上，失声痛哭起来。

据说后来学校领导听到这个消息后，都不以为然，甚至认为他是自寻烦恼。

其实，那个考入二本院校的学生品德非常好，身体也特别棒。可是，在分数至上的学校领导眼里，只有考入名校的学生才是好学生。

从总体上说，考入名牌大学学生的智力素质比考入二本院校的学生会高一些。可是，考出高分的学生如果一味偏执地追求分数而在身体、心理、品德等方面出现问题，毕业之后又怎么能够成为有用之才呢?

几乎所有的学生都希望自己的考分能够高一些，并升入比较理想的院校。但这并非学生一厢情愿的事，它有着诸多先天、后天的制约因素。所以，家长和教师要对不同的孩子抱有不同的期待。

所以顾先生说：“我理解的爱是尊重孩子人格的发展，不是爱成绩。如果孩子分数提高了，但是心理扭曲了，这就不是爱。”

樊兴举 顾先生对教育价值观扭曲现象有过深刻的剖析：“一些地方党政领导干部一方面高喊素质教育，另一方面给教育局局长、校长、老师施加压力，把升学率甚至北大清华升学指标作为政府的政绩工程、形象工程压给学校。要知道，升学率是一个常数，每年都有一个定数，不可能每所学校年年都有提高。片面地追求升学率，像盲目追求 GDP 一样，污染了教育环境，将来治理都要付出成倍的代价。”

美国教育家杜威先生强调：“教育的本质是培养每一个孩子成为最好的自己，而不是他人。”顾先生也指出：“孩子是千差万别的，教育要尊重不同孩子的差异，针对每一个孩子的特点去教育，有的适合鼓励多点，有的需要作业少点。”这就是孔夫子讲的“因材施教”。

4. 期望过高

陶继新 如果说家长和教师唯分至上是爱的误区的话，那么，对孩子期望太高也往往事与愿违，甚至会让孩子误入歧途。

一个妈妈非常希望儿子能够考上高中名校，于是为儿子请了语文、数学、英语、政治四个学科的家教。可是，时间是恒定的，四个家教老师轮番“轰炸”，这个孩子苦不堪言。孩子的睡觉和锻炼时间少了，身体不健康了，心理压力大了，后来的考试成绩不升反降。

还是顾先生说得好：“有的人说，现在是牺牲童年的幸福来获得将来的幸福。我要说的是，童年没有幸福，将来也没有幸福。”

上述案例中那个妈妈的儿子，不仅没有童年的幸福，甚至连未来的幸福都很渺茫。因为孩子心里的苦，不只彰显于当下，还会向未来延伸。

樊兴举 这个妈妈过高的期望毁了孩子。顾先生曾讲过《伊索寓言》中“生金蛋的鹅”的故事：一个老婆婆养了一只鹅，这只鹅每天生一个金蛋。老婆婆很高兴，就想着多喂一点饲料，让它每天生两个金蛋，于是从第二天开始增加饲料。鹅越长越胖，结果不生蛋了。老婆婆很生气地把鹅杀了取蛋，但从肚子里取出来的不是金蛋，而是一大块儿肥油。顾先生说："小时候我读这则寓言，只是把它当作笑话。现在我再读，感觉到现在的家长像这个老婆婆，越希望自己的孩子多生'金蛋'，结果越事与愿违、害了孩子。"

《中国教育路在何方：顾明远教育漫谈》书影

家长望子成龙、望女成凤的心情完全可以理解，但正如顾先生所讲：高校每年的招生计划是常数，都上线，谁落榜？他在《中国教育路在何方：顾明远教育漫谈》一书中指出：家长对孩子期望过高的原因，一是现阶段就业压力太大，都想让孩子上所好大学，找个好工作，二是让孩子替父母实现他们自己没有实现的梦想。养孩子如种庄稼，你见过农民怨恨长不好的庄稼吗？孩子开窍晚、基础差，和父母的遗传基因、后天的环境及培养等有关，能只怪孩子吗？

陶继新 很多家长对孩子期望值过高，很多学校更是有过之而无不及。一个高中校长，规定高三学生必须早起晚睡，而且取消了午休。有人问他："不午休，学生打瞌睡怎么办？"他回复道："站起来学！”其实，这个校长虽然拉长了学生学习的时间，可是学生由于休息不好大大降低了学习效率，结果自然事与愿违。

所以，顾先生一次又一次地呼吁要为中小学生减负，要追求能力的提升和精神的锻造，要通过“减负”来调整当前的教育场景，重塑当前的教育生态。

樊兴举 学校对学生期望过高尤其是对高考、中考的目标期望过高，会让孩子承受过重的精神压力和课业负担，影响其身心健康。学生心理问题的逐年攀升就是最好的证明。究其根源，顾先生在《中国教育路在何方：顾明远教育漫谈》一书中指出：中国的教育问题源于教育的中国问题，就教育论教育是无济于事的。

关于高考、中考内卷问题，教育部基教司原司长、清华大学教授王文湛一针见血地指出：“高考、中考弊端反映在教育内部，但根子在社会，在劳动人事制度、工资制度、社会观念。这些问题不解决，高考、中考、课程、教材怎么改都解决不了问题。”“我们应该站在社会视角去全面理解高考、中考的内卷根源——就业和收入。把板子打在校长、老师身上，什么应试教育、短视行为、片面追求升学率，都是不公平的。”

陶继新 有的地方教育行政领导也不甘落后，有的甚至使出了绝招：考得好，表彰奖励；考不好，进行重罚。

有一所高中，2022 年有 5 个学生考进了北大和清华，县委县政府对这 5 个学生、相关教师以及校长大张旗鼓地予以表彰和奖励。遗憾的是，2023 年却没有一个考入这两所名校，但考入一本的人数比 2022 年略多一些。可是，在全县教育大会上，县委县政府主要领导不仅对这个学校大加批评，随后还免除了学校校长的职务。

一个县某一年没有学生考上清华北大，当在情理之中。可是，不少人甚至行政领导，却抱了太大的希望，希望通过有几个考入清华北大的学生为教育“增光添彩”，为自己脸上“贴金”。

顾明远先生认为，教育主管部门乃至党委政府关注教育的时候，不仅仅应关注高考，更应关注整体教育质量和学生综合素质的提升。

樊兴举　2014年，地处沂蒙革命老区的某县，因一中“清北”光头，校领导班子被解散。对此，山东省政府、省教育厅高度重视，副省长约谈了该县县委书记、县长，勒令撤销对校领导班子的处分。教育厅于当年年底召开了全省素质教育现场会，把该县作为片面追求“清北”的反面典型在全省通报批评。

不少地方为追求政绩工程、形象工程，致使不少初高中“模拟线”下的学生被边缘化，甚至被视为“次品”遗弃。有的学校学生座次都是按分排序。更有甚者，分数、名次居然成为不少学校学生好坏优劣、三六九等的唯一标准。这是教育的悲哀，是教育价值观的严重扭曲。

三、爱的正道

1. 厚爱严管

陶继新 “没有爱就没有教育”中的“爱”，既指师生、亲子之间流溢出来的和乐美好之爱，又指助推孩子终身成长的智慧之爱。这种智慧的爱有时会呈现出一种过于严厉甚至有点“严酷”的外在形态，但它对于纠正孩子的过错往往能起到立竿见影乃至久远的效果。这种高层次之爱，即是严管厚爱——厚爱根植于心，严管显现于外。

我采访报道过不少非常优秀的家长、校长和教师，其中就有一些厚爱严管方面的故事。

比如书画界新秀林曦13岁的时候，我便专程赶到重庆对她和她的妈妈进行了采访。此前，林曦已经应邀先后在法国、泰国、印度、尼泊尔等国家举办个人画展。林曦何以会有如此突出的成绩？这与其妈妈的厚爱严管是分不开的。

在林曦很小的时候，妈妈就要求她每天写好101个毛笔字。林曦也尊听母命，天天认真书写。妈妈则每天晚上检查，并为女儿的认真和日有所进而欣慰不已。

可在一个严冬的深夜，妈妈照例去检查林曦的毛笔字时，发现一些字少了以前的工整秀丽，显露出草草收兵的匆忙。她顺手将写有这些字的纸页拿起，径直走进林曦的卧室。房间里没有暖气，被窝之外一片冰冷。将女儿叫醒让她重写，于心不忍，于情不容，但妈妈马上意识到：这一次的迁就，有可能养成林曦终生潦草做事的习惯。于是她严厉地将林曦叫醒。

林曦愣然了，一向温柔和蔼的妈妈，冷若冰霜地立在床前，指着几个歪斜的毛笔字，一边声色俱厉地批评，一边命令她立即起床重写。林曦极不情愿地从温暖的被窝里出来，泪水早已模糊了双眼。

林曦用冻红的小手握起毛笔，微微颤抖着，字又写歪了。“重写！”坐在对面的妈妈严厉地命令道。林曦泪如雨下，心在打战，只好工工整整、一笔一画地将字重新写好。在妈妈点头称赞的一刹那，林曦扔下笔，冲进卧室，泪如泉涌。

第二天起床后，林曦决定不再搭理妈妈。可偷瞄一眼妈妈，她依然那样和蔼可亲，说起话来幽默风趣，好像昨夜的事没有发生似的。从那一天起，林曦不仅每一个字都写得认真工整，读书、写作、绘画、弹琴也都一丝不苟。

那一次的不愉快，也在妈妈无私的爱的沐浴中渐渐消融了。林曦开始反思自己，也进一步体会到了妈妈的一片爱心。她开始感谢妈妈，那天晚上一向深爱自己的妈妈，需要多大的勇气才能如此地决断啊！只有一位伟大且有远见的妈妈，才能够用理智战胜情感。

顾先生说得好：“真正爱孩子，是要为他们将来的幸福、长远的幸福考虑。”林曦妈妈的“勇气”与“决断”，不正是为了女儿长远的幸福吗？

樊兴举 林曦妈妈对厚爱严管的度把握得很好。顾先生强调

“没有爱就没有教育”，但他又明确指出，爱要有度，应做到大爱有方，防止两个极端。

落实顾先生“大爱有方”的教育理念，必须防止纵容溺爱和简单粗暴两个极端。

严管不是简单粗暴。某中学规定熄灯后禁止学生如厕，违者视为“重大违纪”，并对涉事学生给予严重警告、扣除班级德育分等处罚。这一规定因未考虑学生特殊情况（如生病、腹泻），违背教育的人本理念，与教育的正面引导原则背道而驰，而引发舆论关注。

厚爱不是无度纵容。家庭、学校必须有容错、纠错机制，当然必要的惩罚也是不可或缺的。江西某中学辍学的学生多次返校对同学实施欺凌，校方因缺乏有效手段被迫求助警方，共同启动了强制性的心理疏导与行为矫正机制。按照修订后的《中华人民共和国预防未成年人犯罪法》，实施了分级干预措施，为“小霸王”们提供针对性的矫治路径。对有严重不良行为的学生必须“严管不纵容”，但矫治过程中应避免标签化，注重心理重建与社会支持。

家校协同不是单打独斗。湖南省洞口县与山东省沂南县都做了有效的实践尝试。洞口县创建“三个紧扣”模式——紧扣法治讲座、家长会及家访台账制度，解决学生网恋倾向、孤僻行为等问题。2023 年，该县累计走访家长 2.5 万人次。设立专业心育室，对单亲家庭学生等特殊群体进行科学疏导，化解心理危机。沂南县实施“学困生包保制”：该县 4493 名教师动态包保 4707 名学困生，每周谈心，个别疏导，每季度家访，重点防范躺平、欺凌、性侵等风险。配备 215 名法治副校长，开展“以案释法”讲座，提升学生法治观念，内化规则意识。

厚爱严管的核心在于平衡关怀与规范的关系。厚爱，应注重心理支持、家校社协同及正向激励，而非无原则纵容；严管，需以尊重学生权益、科学制定规则为基础，避免机械化管控。

陶继新 我再讲一个校长对学生厚爱严管的故事。

贵州省实验中学校长刘隆华在学校制定并实施了《惩戒条例41条》《校规细则90条》，对学生在校内外的日常行为进行规范，对违规学生进行惩戒。惩戒的方式有口头训诫、取消特殊待遇、面壁思过、惩罚性作业、置留办公室、停学回家反省，还有警告、校内通报、记过、强迫性转学或退学、开除学籍等。几年来，处理了不少学生，也强迫转学和开除了一些学生。当然，学校在从严惩处的同时给予人文关怀，比如为学生联系学校、追踪学生表现、保留学生学籍、关注学生走向社会的发展等。凡被处理的学生及其家长很少与学校敌对，因为他们都认同学校的管理，理解学校提出的尊重生命、为学生终身发展奠基的深远意义。于是，被一些学校称为"禁区"的惩戒教育，不但成了贵州省实验中学的亮点，也成了家长竞相送孩子前来上学的重要缘由。

中国古有"严师出高徒"之说，因为严由爱生，严有规矩，才有了德才兼备的学生。一味地迁就，即使错了还在"欣赏"，既混淆了是非黑白，也向学生传递出错误的信息。显然，这不是爱学生，而是害学生。

顾先生是一位厚爱严管的教师，他所教的学生对此都有很深的体会。

2015年拜在顾先生门下攻读博士学位的丁瑞常，在2018年第10期《新课程评论》上发表过一篇《严师慈教：记顾明远先生二三事》，其中就写到顾先生的厚爱之"慈"与要求之"严"。

博士入学第一天，顾先生就给丁瑞常列了书单，第一个学期刚结束就“命令”他交上“读书报告”。“博一”下学期刚开学，顾先生就开始将论文开题提上日程，不仅早早就让他着手选题，撰写文献综述，还定期检查他的功课。在很多同学都还没定题时，他就被顾先生“逼”得写完了开题报告。顾先生还“跑来‘恐吓’”他，让他年前完成初稿。丁瑞常只好“在很多同学论文还没影儿的时候，就被‘逼’得写完了全稿”。他说自己是“除夕当天”“踩着截止日期交的稿”，而初二便收到了顾先生修改后的文稿，竟然连“文中的错别字、病句、标点符号使用不当都一一标出了”。如此严格的学术要求中，蕴含着多么深厚的先生之爱啊！

所以，丁瑞常感慨万端地说：“大家每次提到先生总是说他怎样怎样平易近人，怎样怎样慈祥和蔼，那是没见过他老人家严的时候。”

何止于丁瑞常有此感叹，我在读这篇文章的时候，也被顾先生的厚爱严管感动得泣下沾襟了。司马迁在《史记·孔子世家》中赞美孔子说：“《诗》有之：‘高山仰止，景行行止。’虽不能至，然心向往之。”如果将这种由衷的赞美之词用于顾先生，不也恰如其分吗？

樊兴举　贵州实验中学刘隆华校长的厚爱严管是一个成功的范例。山东省优秀班主任、枣庄三中王慧老师多年带实验班，在厚爱严管中十年送走56个清北学子。她带班的原则就是严字当头，辅之以爱。一位考入清华计算机系的学生回忆说：“王老师对我们是发自内心的真爱，每逢同学过生日，她总是第一时间组织大家唱生日歌，并且，她还根据每个同学的特点编写生日歌词，让大家集体咏唱，给过生日的同学送上祝福。她写给一个特别焦虑的同学的生日歌词是这样的：‘今天是你的生日，我的同学。祝你生日快乐！祝你笑口常开！祝你敞开胸怀！祝你看淡风云！祝你笑靥如花！祝你人生畅达！’但是，王老师的要求也是真严。每次测试，她批阅试卷从来没有过夜的时候。每一个同学的作业她都认真批阅、及时反馈。她总是当面对每个学生的错误细节逐一指出，所有同学无不真心叹服。”

2. 尊重平等

陶继新 顾先生认为，爱孩子首先要尊重和信任他们。不要认为小孩什么都不懂，其实他们很有想法，甚至很有创意。所以，家长和教师要尊重和信任孩子，并让他们在这种尊重与信任中更快更好地成长起来。

遗憾的是，有些家长和教师虽然也爱孩子，可是只把他们当成任人摆布的棋子，根本不尊重和信任他们，结果，孩子的个性、能量、创造力等就在这种“爱”中消失了。

著名教育改革家魏书生就特别尊重和信任学生，他把每一个学生都当成自己的助手，当成自己的副班主任。曾经有记者问他：“魏老师，你既当书记，又当校长，还当两个班的班主任，教两个班的语文课。您还经常不在家，也没有人给您带班代课。”魏老师反问道：“谁说没人？我的每个学生都是我的助手。”魏老师充分尊重和信任学生，认为每一个学生都可以帮助老师管班，事实上也确实如此。

在许多人看来，当班主任是一个又苦又累的差事，魏书生却认为非常幸福。其原因何在？就是充分尊重和信任学生，让每个学生都成为他的副班主任。尽管一个副班主任的能力有限，可是，全班所有副班主任的智慧加在一起，就非常了不起了。当一个班里人人尽责、人人上进的时候，班级管理就变得易如反掌。

樊兴举 魏书生老师是有教育情怀和教育智慧的“大先生”，尊重学生是他的法宝。顾先生强调：“公平公正地对待学生，就是要尊重学生的人格、自尊心，尤其是个人隐私。”

枣庄三中王慧老师讲《我与地坛》时，请一位女同学谈谈她对文中母亲形象的理解，谁知，这位女同学说着说着就哽咽难言了，所有的同学都以震惊和诧异的眼神看向她。

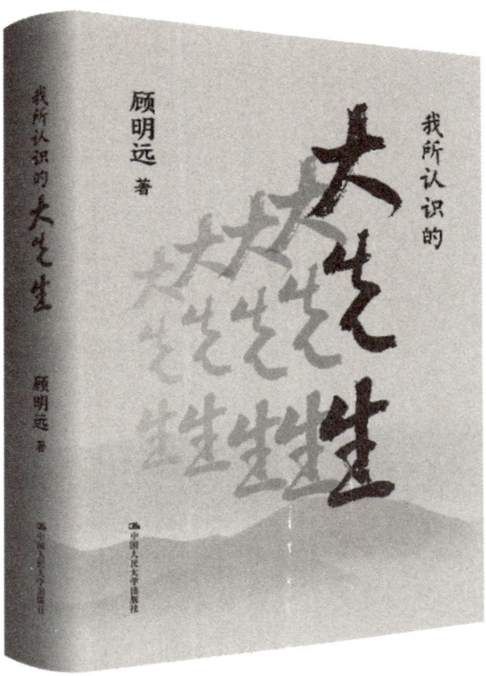

《我所认识的大先生》书影

那时，如果当场询问她究竟为什么痛哭难抑，一则会将女孩的个人情感公之于众，二则会在询问和安慰上消耗时间，影响正常教学。在这种情况下，王老师没有追问原因，而是用手轻轻按压她的肩膀，示意她坐下来。她选择了尊重。随后，在其他同学谈自己的理解时，王老师一直守护在哭泣女孩的身旁，始终轻轻环抱着女孩的肩膀，并不时用手抚摸她的头，帮她擦拭眼泪。这样，女孩的情绪慢慢平息下来，并沉浸于课堂的学习中。全班同学经过了短暂的诧异后，也渐渐进入正常学习状态。

课后，王慧老师悄悄将女孩叫到无人处，仔细询问了她的情况。她向王老师叙述了家里的变故，并再三感谢王老师当时温暖的拥抱和不动声色的处理方式，她充分感受到了被尊重、被重视、被呵护的幸福。

陶继新 在顾先生看来，尽管人在地位和学问等方面有高下之分，可在人格上是平等的。我从初次见到顾先生到现在已经好多年了，每次见到他，都为他的谦卑、和蔼所感动。在他面前，你无须拘束，尽管敞开心扉，而他则静静地倾听，让你有一种如沐春风的感觉。

可是不少老师总有一种师道尊严的情结挥之不去，认为自己承担着教育学生的重任，学生必须尊重自己。这样的老师很难和学生心灵相通，也得不到学生的尊敬。

全国名班主任李镇西在班级管理中一直秉持着师生平等的理念，并取得了理想的效果。他认为，国有国法，家有家规，班级也应当有班规。不过，这个班规不是班主任一厢情愿自己制定的，而是他和全班学生反复商讨达成共识而形成的。班规不只是“规矩”学生的，同样也是“规矩”班主任的。不管谁违反了班规，都要受到相应的惩罚。

下面，我就讲一个李镇西违反班规而受到惩罚的故事：一天，同学们正在参加学校歌咏比赛的排练，担任领唱的杨同学却不知何故“罢领”了。比赛迫在眉睫，临阵换将已不可能。一气之下，李老师猛拍钢琴。第二天早自习一进教室，李老师看见黑板上赫然一行大字：“李老师昨日发火，罚扫教室一天。”李老师先是心里一惊：这些学生还真够认真也真够大胆的！转而又是一喜：学生们执法如山的精神实在可嘉！当天下午放学时，李老师从市里会场匆匆赶回学校。当他走进教室时，看见几个住校生正准备打扫教室。他赶紧冲过去夺下她们手中的扫把，强行把她们赶出教室，一个人在教室里干得满头大汗。第二天一早，他又早早走进教室，做早扫除。

在这个班担任班主任两年多的时间里，李老师因“触犯班规”五次被罚；但他甘愿受罚，学生们也感到非常正常与自然。

在班规面前一视同仁，违“法”必究，看似有损教师的“尊严”，实则创设了一个师生平等的人文环境。规范意识，就在群体执行班规的过程中悄然融化在学生的血液里。

一视同仁、公正平等是大爱，因为这种爱为学生走向更加美好的未来奠定了基础。

樊兴举　李镇西是全国班主任的楷模，平等民主管理班级是他最大的亮点。顾先生强调学生之间要平等，同时他还强调老师、家长和孩子之间也要平等。他在《中国教育路在何方：顾明远教育漫谈》中指出：“父母也好，教师也好，想要与孩子沟通，就要放下架子，平等地对待孩子，不要摆大人的权威，要与孩子交朋友，倾听孩子的心声。”

3. 良师益友

陶继新　孔子是人格高尚、学富五车的教育家，也是学生的良师益友，所以，才有了弟子三千、贤者七十二的孔门壮观。

这让我想到顾先生，他在当今教育界有着极高的威望，让人有一种“仰之弥高，钻之弥坚”的崇敬感。他也像孔子一样，是很多人的良师益友。

2024 年 12 月 15 日下午，在他家里访谈的情景依然历历在目。他没有以长者和师者自居，而是十分谦和地和我们娓娓而谈。即使是提出建议，也是一种真诚与善意的提醒。就连他坐的座位，都比我们两个访谈人的略低一等。开始的时候，我们多少有点诚惶诚恐，可看着他真诚友善的微笑，我们就很快和他平等地交流起来。

孔子和顾先生尚且如此，面对学生，一般教师又有什么资格摆出一副高高在上的样子呢？

樊兴举　在顾先生教育理念的引领下，“没有爱就没有教育”深植于我 40 年的教育生涯。从爱出发，我一路走过了从“老师哥哥”到“校长爸爸”再到“校长爷爷”的教育三部曲。

先讲讲“老师哥哥”的故事。1985 年 7 月，我 20 岁，大学毕业后带着教育之梦走上了三尺讲台。面对高三年级的同龄人，我诚惶诚恐，因为班里还有三位我高中的同班同学，何况刚参加工作就教高三毕业班。于是，我想到了我小学、初中、高中的老师们。虽然都是民办教师，但他们热爱学生，认真教书，我非常喜欢他们，也喜欢上他们的课。悟道之后，第一，为让学生“亲其师”，我先当一位优秀的“老师哥哥”。我主动深入学生，到教室、宿舍、操场陪他们谈心、读书、吃饭、打球。不会骑车的，我骑车送他们回家。生病的，我陪他们去医院看病。我很快成为他们的知心大哥哥。第二，为打消他们对我这个年轻老师的担心，我刻苦学习，秉烛彻夜研究教材、教参，我还求来全省特级教师王南勋老师的两本教案和一套习题集，得以站在“巨人”的肩膀上。半学期下来，我不仅把教材倒背如流，而且能将深奥的哲学、政治经济学理论讲得像故事一样生动有趣。我的政治课成为学生们最渴望、最享受的一门课。1986 年高考，学生们考得特别好，我也破格晋升一级教师。于是，我这个小老师就成为学生们的良师益友，他们送我一个外号“老师樊哥”。40 年来，学生们一直这么称呼我。

再讲讲“校长爸爸”的故事。2003 年在北京出差，有幸结识了清华山东招生组的张永老师，闲聊中得知清华为传承非遗，招收优秀传统文化的特长生，文化课过山东一本线就行。我突然想起，我校黄亚辉同学常在宿舍吹唢呐，回去之后我就找到了他，得知他从小就跟一个亲戚学，水平很高。于是，我买了两张火车票，替他背上乐器、行李，陪他去参加清华专业测试。由于孩子基础扎实，取得了 A 证。正好赶上市教育局领导来校鼓励尖子生，我给局长说了黄亚辉的情况，请求他们多带一个发奖金的市局信封，我自己取了 500 元现金装进信封，让市局领导发给了黄亚辉。他得到了极大的鼓舞，干劲十足。这个学生数学差，我安排了两位数学老师重点辅导他，结果 5 个月数学提高了 46 分，最终以总分超过山东省一本线 36 分的成绩考入清华。这个学生捧着清华大学录取通知书和 500 元钱，跪在我面前泪流满面，发自内心地叫我“校长爸爸”。后来，黄亚辉同学成为清华大学学生乐团的骨干并到各国巡演，现已是清华大学的一名资深教授。

再来说说“校长爷爷”的故事。15 年前，我帮扶了一个特殊的山区孤儿，叫李志成。李志成一家四辈只有两口人，父亲在他未出生时因矿难去世，母亲改嫁，爷爷奶奶病故，就剩下了老奶奶和他。因他老奶奶和我母亲同岁，他就叫我“爷爷”。我资助他们奶孙俩 14 年，上初中后我把他带到了台儿庄城里读书。2018 年，我调任枣庄三中校长，最放不下的就是他。于是，我想办法筹资 3 万元存在高中学校作为他的学费和生活费，帮助他完成了初中、高中、大学学业。12 年后，孤儿李志成从东北电力大学毕业，被选拔到西北地区某核工业基地工作。

陶继新 令人欣慰的是，当今教育界有不少优秀教师成了学生的良师益友，比如我采访的山东省桓台县第一中学的特级教师苏同安。

1999 年，桓台一中搬迁到相对荒凉的新校区，条件比较艰苦。苏老师担任班主任，辛苦是可想而知的。一天，一个学生说：“你们老师还好，可以回城里吃饭，我们真苦啊！”苏老师就问：“要不我陪你们吃晚饭？”学生说：“当然好了，可说说容易坚持下来难。”苏老师说：“我一定说到做到。”从那天起，他就与学生们天天在一起吃晚饭。

其实，这个约定有时很不容易实现。比如遇上结婚喜宴，为了陪学生，他只好婉拒；朋友同学聚会，他也只好缺席。苏同安的孩子就在桓台一中就学，空余时间是回家陪孩子，还是在学校里陪学生？苏同安毫不犹豫地选取了陪学生。从 1999 年承诺之日起，只要学生在校，他就一直与他们一起吃晚饭，一起说笑。

他不希望学生带手机：“你现在是‘无产阶级’，重点是学习。我虽然是‘有产阶级’，为了和你们一样，至少十年不带手机。”

何止十年，直到今天，他还是没有手机。其实，找他并不困难，不在教室，就在办公室，或者在学生宿舍、食堂。有的学生说，找苏老师很容易，学生在哪里，他就在哪里。

樊兴举 我任枣庄三中校长期间，有位非常优秀的班主任王慧，全校一直传诵着她和一个学生亦师亦友、爱心陪伴的传奇故事。有个学生从小跟着爷爷奶奶生活，妈妈在他幼年时因父亲去世就离家出走了。当别的同学放假休息的时候，他需要帮助爷爷奶奶干农活；当别的同学依偎在父母身边撒娇的时候，他小小的肩膀需要担负起照顾爷爷奶奶的重担。在知晓了这个同学的家庭境况后，身为班主任的王慧主动承担起他的家长职责。这个同学和王慧的儿子同班，王老师每次给儿子买学习用品和生活用品时一定是一式两份。当发现这个学生特别喜欢钻研数学和物理时，王老师特意为他搜集数学和物理竞赛资料。这个学生和她无话不谈，无论是学习中遇到的困难、情感上遇到的困惑，还是人际关系上遇到的问题、职业规划中遇到的瓶颈。他说："王老师是最好的老师，但更像我的亲妈。"在王老师的爱心呵护下，这个学生考入清华大学，成为他老家山村里飞出来的第一只金凤凰，在当地引起了不小的轰动。

陶继新 我还采访报道过北京十一学校特级教师史建筑老师，他也是学生心目中的良师益友。

在学生面前，他从来不摆师道尊严的架子，有不少学生还是他的"哥们"。他认为，自己所上课的优劣由他所教的学生来评定，每个学期他都要请学生评教。他所设计的问卷中有这样两项：（1）我们近期上得最好的一堂课是什么？好在哪里？（2）我们近期上得最差的一堂课是什么？差在何处？

一般情况下，学生的评课是相对一致的。可个别时候，也会出现意见分歧。一次，“好课”“差课”中出现了同一堂课。直觉告诉史老师这应当是一个很有研究价值的课题。于是，他开始思考：教师教学准备的基点到底是什么？是教师的“教”还是学生的“学”？是教会学生还是让学生学会？《学记》说得好：“善学者师逸而功倍，又从而庸之；不善学者师勤而功半，又从而怨之。”意思是说，善于学习的人，教师费力不大却可以达到事半功倍的效果，而且还会归功于教师；不善于学习的人，教师教得非常辛苦可效果却是事倍功半，反而会抱怨教师。于是，在以后的教学中，史老师不但注意了自己的“善教”，更关注了学生的“善学”。这样一来，史老师讲得少了，学生学得多了；史老师费的劲小了，学生学的劲足了。

喜欢听颂扬之词，也许是人的共性，可是赞扬声不绝于耳的时候，也会让人飘飘然。史老师要求学生，不但可以给老师评最差的课，而且可以在课堂上公开挑战老师。

当时教学选修教材《〈史记〉选读》中《鲁仲连义不帝秦》的最后一句“（仲连）终身不复见”，史老师从个人语感出发，认为“见”在此理解为通假字“现”更为顺畅和合理，整句话应当译为“（仲连）一辈子没有再出现”。可这个见解刚说完，晓凡同学马上以非常肯定的语气进行了反驳：“‘见’，在这里应该解释为‘相见’，因为20多年后他又出现了，看来老师没有真正读过《史记》。”他一边说着，还一边拿出《史记》，当着全班同学读出了课文未收录的文字加以佐证。

史老师当场的羞愧是可以想见的，这位获得过全国中学语文课堂教学大赛特等奖的老师，竟然败在了自己学生的手下。可是，很快，他的羞愧又转变为感激和感动。他一方面承认自己的错误，一方面表扬晓凡同学的肯钻研、有新见。

我们不妨看看史老师课后的反思：“此前，因为我的‘想当然’出现过多少纰漏失误，我不得而知；有多少谬误让我至今还‘蒙在鼓里’，我也不得而知……但不管怎样，这一字之错，像一记重锤敲在我的心上。当我动辄‘郑重’地告诫学生要严谨治学时，我自己做得怎样？如此想来，我不禁‘头涔涔而泪潸潸’了。”读到这段文字，我的泪水已经在眼眶里打转了。德才兼备如史老师，自然能够成为学生的良师益友。

樊兴举　史老师是北京十一学校的优秀教师，我再讲一下十一学校校长李希贵的故事。李希贵校长践行“明远四句”，厚德自强，求实创新，创造了从高密四中校长到高密一中校长、高密市教委主任、潍坊市教育局局长，最后到北京十一学校校长的一路辉煌。

我认识李希贵校长是在北师大京师学堂举办的顾先生新作《中国教育路在何方》和《苏霍姆林斯基教育名言录》首发式上。在众多人的发言中，李校长与众不同。他没有即席演讲，也没有念稿子，而是制作了一个 15 分钟的音乐片，该片收录了 30 年来他和顾老的数百张发黄的合影。这个短片，既体现了李校长对顾先生的崇敬和感恩，更是顾先生桃李芬芳、教学相长的写照。最后，李希贵校长眼含热泪地说：“我几十年都是读着苏霍姆林斯基和顾先生的书成长的，他们永远是我人生和事业的导师。”顾先生和苏霍姆林斯基的女儿苏霍姆林斯卡娅当场潸然泪下。这既是师生心心相印之泪，更是教育薪火相传之泪。

2014年我任枣庄市台儿庄区教育局局长期间，带校长们去十一学校考察。李校长跟我说："中午我要陪学生吃饭，只能请你们来学校食堂吃午饭了。"李希贵校长几十年作风非常民主，爱生胜子，每天要查看100多封学生来信，接听20多位家长的来电，对合理化的建议立说立改，用行动诠释了苏霍姆林斯基"校长的生命在课堂里、在师生中"的教育信仰。强将手下无弱兵。前面陶老师介绍的史老师的故事也就不难理解了。

4. 爱被感恩

陶继新 孟子说："爱人者，人恒爱之。"老师深爱学生，学生也会深爱老师。孔子正是一位深爱学生的老师。他的弟子，对他也爱之弥深。颜回曾这样称道孔子："仰之弥高，钻之弥坚。瞻之在前，忽焉在后。夫子循循然善诱人，博我以文，约我以礼，欲罢不能。既竭吾才，如有所立卓尔。虽欲从之，末由也已。"

弟子们不仅在孔子在世时爱着他，在他去世之后依然深爱着他。先秦时期，父亲过世，儿子要守孝三年。孔子去世之后，他的弟子们也像失去了父亲一般，一起为老师守孝三年。子贡还在孔子墓旁搭了一间小房子住下，共守墓六年。每读司马迁的《孔子世家》，都为孔门师生之爱所感动。

顾先生对学生的深爱和厚爱同样让学生感动不已。有的学生还发表文章，写了他们为有这样一位师德高尚、学识渊博的老师而深感自豪。同时，他们也像孔子的弟子一样，深深地爱着顾先生。

樊兴举 顾先生虽是教育泰斗，但他始终称自己是“教育老兵”。他非常平易近人，深爱广大教师和学生。他也非常尊重他的老师。他在《顾明远口述史》中写道：“当年有幸所在的南菁中学有几位好老师，使我的青少年时代没有虚度年华。”他一直十分尊敬和怀念他 20 世纪 50 年代留苏期间的俄语老师雅可夫斯基。顾先生是一位尊师的典范，更是一位学高身正的“大先生”。

大家都感叹当下的孩子不懂感恩。对此，顾先生指出：“怎样做才算真正爱孩子？我们所有家长都爱孩子，绝大多数教师也是爱学生的，但就是有时不知道怎么爱。学生是千差万别的，大家都认为要求严一点、作业多一点好，都是为了孩子将来好。殊不知，大多数学生不愿接受这种爱，反而会逆反。因此，爱，让孩子接受是一种智慧；爱，让孩子感恩则是家长、老师一生的修行。”

陶继新 我采访报道过不少深爱学生也被学生深爱的典型，山东省沂源县实验中学李振华老师便是其中一个。

他 16 岁响应党的号召，从南京师范学院来到沂蒙山区沂源县韩旺支教。从工作的第一个月起，他就拿出工资的 1/4 资助贫困学生，50 多年从未间断。退休后，他又捐出半生积蓄，设立“振华奖学扶困基金会”，资助贫困生 1.24 万余人次，奖励优秀教师、优秀学生 5300 余人次，个人累计捐款 190 余万元。可他的生活极其俭朴。2009 年至今，每月只留 500 元基本生活费，其余全部用于捐资助学。在他的影响下，许多学生也选择了教师职业，积极参与捐资助学。

2001 年，韩旺的乡亲们自发捐款，为李振华老师竖起一尊汉白玉半身雕像。塑像作为一种文化符号和精神象征，一般是为伟人、圣人、哲人而塑，以彰其功德、颂其伟业并奉其为楷模。在我们这

李振华老师与孩子们在一起

个有着深厚传统文化积淀、讲究“盖棺定论”的国度，有谁见过为一个依然健在的普通老师塑像的？唐守贵、任纪兰、张文强等许多李振华老师的学生，不仅深爱着李振华老师，也以他为楷模，积极地做起了公益事业。他们无私奉献社会的感人故事，同样催人泪下。

2024 年 12 月 19 日，我给李振华老师打电话时，说到去顾先生家中采访的事情。他很是激动，说顾先生是他心目中的偶像，不但学识渊博，还是一位热衷于公益事业、有大爱之心的人。他如数家珍地说到顾先生将荣获吴玉章人文社会科学终身成就奖而得到的 100 万元奖金，以及北京师范大学授予其“四有”好老师终身成就奖时所奖的 100 万元，全都捐助出来，顾先生还在社会各界的支持下先后筹集到千余万元的公益资金。

在听李振华老师激情洋溢地讲述这些的时候，我同样心潮澎湃。顾先生和李振华老师的大爱情怀，感动了千千万万的人。人们感恩他们，也在用不同的形式播洒着爱，让社会变得更加美好。

樊兴举 徐州一中正高级教师、江苏省劳动模范李凤遐自称是“一名普通草根老师”，但从下面这篇学生家长撰写的回忆文章中，我们看到了一个普通老师的伟大师魂。

学生心中永远的凤妈

李凤遐老师是我女儿李莹的高三班主任，徐州一中历史老师，江苏省特级教师。2006 年 8 月，李老师接管我女儿所在的文科班——高三 19 班。她浑身散发满满的正能量，激励着当年 19 班全体同学，令我和孩子、家长们感激、敬佩。她被该班学生称为“永远的凤妈”。

记得高三开学两周后女儿来家说：“妈妈，我要剪短发。”我说：“长头发挺漂亮的，你一直喜欢飘逸的长发，为什么要剪短发？”女儿说：“班主任凤妈说了，时间就是生命，长头发一天梳头要五分钟，十天就是一节课，短发一个月就能多出三节课。”我当时很惊奇：李老师有什么魔力，让爱美的女儿那么听话，发生如此大的变化呢？

还记得女儿对我说：“李老师给我们讲，下课铃响了就要去食堂吃饭，要跑步去，争取最先买到饭，省得浪费时间排长队，饭冷了对胃也不好……”19 班的同学们无论是去食堂吃饭、去操场做操，还是去图书馆看书，都是一路小跑。他们个个像打了鸡血似的，生龙活虎，充满朝气，在学校形成一道亮丽的风景线。其他班老师和同学总是投去赞许的目光。

记忆特别深刻的是开学 20 多天后，学校开第一次高三家长会。第一次见到李凤遐老师，她那和善的笑脸和幽默、风趣的讲话，就让家长们难忘了。她一一评点每个孩子的学习情况、优缺点、孩子的性格。当说到李莹时，我感动得热泪盈眶。当时才开学20多天啊！50多个孩子能认全就不错了，她却对所有的学生了解得那么清楚，只有非常有爱心和用心的老师才能做到啊！最后她对家长们说："在家，你们是孩子的爸爸妈妈；在学校，我就是孩子的妈妈。孩子交给我，请家长们放心吧！"李老师的讲话让家长们吃了一颗定心丸。

让我们家长最感动的是李老师爱学生真的像爱自己的孩子。学生有优点就表扬、鼓励，有缺点就个别交流谈心，从来不在大众场合批评学生，真正维护了孩子的自尊心。

还有一件趣事呢。有一次我女儿做了好事被学校广播表扬，李莹被读成"李宝"。李老师立即到学校广播室和学校德育处骄傲地更正说是我们班李莹，请重新在学校播送一次。从此我女儿有了"李宝"这个外号，现在她的好多同学还叫她"李宝"，足以看到李老师教书育人做到了细微处。

李老师还用乐观的心态、坚强的意志激励同学们去战胜困难。每次进教室，学生看到李老师脸上都是笑，走路都是跳，从来没见过她抱怨生活、抱怨工作。有一次她病了，发高烧，但她没有请假休息，而是坐在教室讲台边输液，陪着同学们上自习。她说："只要我李凤遐不倒下，19班同学谁都不许倒下！"50多岁的她就像战场上指挥杀敌的将军，带着同学们冲向高考。

在凤妈超人的教育智慧和大爱的哺育下，19班的同学们都以优异的成绩顺利地考上了理想大学，我女儿如愿考上她心仪的江苏警官学院。

女儿拿到大学录取通知书，我们一家人很兴奋，去李老师家拜访，感谢她一年来的辛苦培养。李老师高兴地和女儿合影留念，谦逊地说都是孩子自己努力拼搏的结果。她鼓励孩子说："这个学校特别好，给清华北大也不换呢。"这句鼓励，成为我女儿前进的巨大动力。后来，我女儿研究生毕业后成为江苏省公安厅一名优秀的警官。

感谢李老师，她是孩子们心中永远不老的凤妈！

李莹妈妈

2007 年 9 月于徐州

第二章

没有兴趣就没有学习

一、兴趣驱动

1. 天性好奇

陶继新 我拜读过顾先生的《兴趣是学习的最大动力》，其中的很多观点极有价值。比如他说："兴趣往往从好奇心发展而来，而好奇心则是人之天性。孩子长大到三四岁，对周围的事物很好奇。""父母和幼儿园的老师要保护儿童的好奇心。"

顾先生的观点，与中国古代儒家经典之说有着异曲同工之妙。比如《中庸》开篇即说："天命之谓性，率性之谓道，修道之谓教。"

孩子天生好玩好奇，家长和幼儿园的老师不应过度担心"安全隐患"，尤其不能扼杀孩子的天性和好奇心。

樊兴举 习近平总书记指出："好奇心是人的天性，对科学兴趣的引导和培养要从娃娃抓起，使他们更多了解科学知识，掌握科学方法，形成一大批具备科学家潜质的青少年群体。"

2021 年 5 月，顾先生在第 56 届中国高等教育博览会上指出："在基础教育当中，我们首先要培养孩子的好奇心。因为好奇心是孩子天生的，是兴趣的基础。学习兴趣的培养是拔尖创新人才培养的关键。"他举例说：

2021 年 5 月，顾明远先生在第 56 届中国高等教育博览会上演讲

“西班牙一名九岁儿童发现了超新星，因为他三岁就喜欢天文了。”

顾先生指出，清华大学有个钱学森力学班，始建于 2009 年，是国家在清华大学开设的一个重要的拔尖创新人才实验班。基于钱学森力学班的实践，顾先生总结了创新者需要具备的素质——内生动力，开放性的求知欲和好奇心，锲而不舍的坚毅力，学有余力的超凡智慧、远见学识，团结合作的领导力。全国青少年科技发明大赛、大学的少年班等，都是发掘青少年好奇心的重要举措。

陶继新 我写过一篇长篇报道《放飞天性 玩出品质——山东省东营市利津县第二实验幼儿园的游戏之妙》，发表在 2020 年 10 月 11 日的《中国教育报》上。

这家幼儿园的教师充分相信孩子，彻底放飞孩子天性，让他们自由自主地去设计与规划，按自己的意愿尽情地玩。

全园50亩地上，几乎无处不是可玩的材料。孩子对它们十分熟悉，甚至到了了如指掌的程度。即使在同一个场地，运用同样的材料，他们也可以创新出无数个玩法。

看着小班的孩子提着小水桶轻松跳过小河沟，在梅花桩上如履平地、健步如飞，我惊奇不已。不过，这些并非教师的指导，而是孩子们的好奇心激发了他们的内在潜能，他们研究出了取水的最佳路径，又在百走不厌的行动中，练就了这种娴熟的技能。

在看似险象环生的玩乐中，孩子们一次又一次从容自若地释放着天性。看来，成人大大低估了幼儿防范安全隐患的能力。只要教师稍作指点，他们就会心领神会。更重要的是，这种防范险情的意识和能力一旦形成，就会在其未来的生命里发芽、开花和结果。

一个刚入园的孩子，要爬上一个半球形的陀螺玩具，动作十分笨拙，连续失败20多次，但他依然坚持，直至挑战成功。这一成功给了他巨大的鼓舞，他一下子躺在草地上，连打了几个滚，才十分得意地站了起来。

在采访中发现，每一个孩子都充满了好奇心，都有着丰富大胆的想象力及百折不挠的探索精神。

樊兴举　利津二幼的问题导向、激发兴趣、诱导孩子自我探索的案例遵循了一个心理学规律：当孩子独立解决问题时，大脑前额叶皮层会形成“胜利者神经回路”。这种生理性自信，远比空洞的“你真棒”更牢固。

真正的自信，源自“我能搞定”的真实体验。孩子摔碎了碗，让他自己清理残渣；孩子竞选班长失败，引导他分析原因而非指责他。正如顾先生所强调的，学生只有在自我体验中才能得到真正的成长。

顾先生指出："学生不爱学习怎么办？这就要靠教师的教育艺术、教学智慧。"苏霍姆林斯基曾经讲过一个故事：一个孩子不爱读书，他就找了本很有趣的童话书和孩子一起读。读到精彩的地方，发现孩子入迷了，他就说："我有事不能陪你了，你自己读吧。"这个孩子为了了解故事结果，自己就把书读完了。慢慢地，他就喜欢上了读书。

陶继新　幼儿园园长与教师将孩子们"圈养"起来，虽然会少出一些所谓安全问题，可他们的好奇心、想象力乃至未来的发展或许就在"圈养"中被悄然扼杀掉了。

不只是幼儿园，小学生、中学生好奇的天性被扼杀者也不少见。遗憾的是，不少家长和教师，依然如故甚至自鸣得意而不知反省。鲁迅先生当年"救救孩子"的呐喊声依然振聋发聩，盼今天的我们能还孩子一片自由的天空。

樊兴举　一位母亲为培养"完美女儿"，从 3 岁起就定制精准到分钟的时间表，结果孩子 16 岁就患上重度抑郁症。孩子在日记中写道："我像是被输入程序的机器人，对学习和生活毫无兴趣，活着只是为了执行命令。"这印证了社会学家项飙的观点："过度规划的本质，是父母、老师将自身的焦虑转嫁到了孩子身上。"这个孩子的未来被妈妈的"圈养"扼杀了。

2. 启发诱导

陶继新　孔子说："不愤不启，不悱不发。"他的学生必须主动思考并解决问题，久而久之就形成一种积极的思维定式和学习习惯。

樊兴举　爱因斯坦说过："如果给我 1 个小时解决一道决定我生死的问题，我会花 55 分钟来弄清楚这道题到底是在问什么。一旦清楚了它到底在问什么，剩下的 5 分钟足够回答这个问题。"这说明引导学生自己动脑思考是非常重要的。

顾先生指出，在新课改中教师的角色要从权威的知识传授者变为学生自主学习的引导者，教师要让学生自己去发现和解决问题，而不是随意给他们现成的答案。他批评传统启发式教学中"教师提问、学生回答"的模式，提倡教师引导学生主动探究、生成问题。这就是爱因斯坦强调的"为什么"比"是什么"更重要。因此，顾先生强调："教育是点燃思维的火把，而非填满知识的容器。"

陶继新　比如孔子在教学《诗经》的时候，并不是将其微言大义一语道破，而是通过三言两语的点拨，引导弟子产生灵感、悟其深义。

在《论语·八佾第三》中有这样一章："子夏问曰：'"巧笑倩兮，美目盼兮，素以为绚兮。"何谓也？'子曰：'绘事后素。'曰：'礼后乎？'子曰：'起予者商也！始可与言《诗》已矣。'"

"巧笑倩兮，美目盼兮，素以为绚兮"出自《诗经·卫风·硕人》，是写卫庄公夫人庄姜之贤美。子夏由此向孔子提出问题。由此看来，孔子平时教学，不但要求弟子好好诵读《诗经》，而且还要求他们善于发现问题，真正做到“知之为知之，不知为不知”。不知的时候，当然最好由自己深入研究而知，自己百思不得其解的时候，就要向孔子请教。

孔子自然明白诗句的要义。庄姜虽然只是素装打扮，可竟然如此美丽动人，是因为她质美，正是有了这种美的质地，稍事装扮，就会美丽无比。就像一个年轻貌美的村姑，虽然衣着朴素，却有着一些都市女人没有的“天然去雕饰”之美。有的贵妇人，虽然身着华丽的服装、涂抹了高级化妆品，可看起来一点儿也不美。原因何在？要先有美质，而后才能有美姿。

孔子并没有将这种内在意蕴直接告诉子夏，而是用“绘事后素”四字作比喻，启发子夏思考。

古时绘画，要先放上一块白色的丝织物（“素”），然后在上面着墨作画（“绘事”）。朱熹这样说：“后素，后于素也。”这说明，庄姜之美，正如“绘事后素”一样，是先有其质地之美，才有其“素以为绚兮”之妙的。

子夏从孔子的启发中领悟到一个重要的道理：“礼”之所以好，是由于“仁”在先。孔子重“礼”，可其思想的主要范畴是“仁”而非“礼”。所以，才有了孔子如是说：“人而不仁，如礼何？”子夏由诗引入，孔子通过隐喻予以启发，子夏由此悟出了仁先礼后的道理。

樊兴举 启发诱导就是要不断给孩子制造成功的体验，引导其在体验中成长。

郎朗是世界闻名的钢琴家，他的成长与家庭教育中给予的成功体验紧密相连。在郎朗刚开始学习钢琴时，父亲就为他设定了一个个清晰且可实现的小目标，比如在一周内熟练弹奏某一段落。当郎朗达成目标后，父亲会给予奖励，可能是他心仪的一本漫画书，或者是带他去吃一顿美食。这些奖励让郎朗将完成钢琴学习任务与快乐和成就感联系在一起。随着郎朗琴艺的提升，父亲积极为他争取各种演出机会，从学校的文艺表演到地区性的钢琴比赛。每一次成功的演出和比赛，都成为郎朗成长路上的重要里程碑。即使在面对困难和挫折时，比如在比赛中发挥失常，父亲也会鼓励他从失败中吸取教训，并坚信下次一定能做得更好。这种持续的支持和鼓励，使得郎朗在钢琴学习的道路上始终保持着高昂的热情和坚定的信念，最终登上了国际舞台。

陶继新 这对于今天的教学有着重要的启示。当学生提出某个问题的时候，老师应通过启发诱导，让他们进一步思考，以获得灵感。在这个过程中，老师或可以从学生的感悟中受到某些启示，以达到“教学相长”的效果。

《学记》对于孔子的启发诱导思想也有精辟论述，其“道而弗牵，强而弗抑，开而弗达”则堪称精辟之论。

顾先生对《论语》与《学记》深有研究。他的《论语箴言录：顾明远书法集》（福建教育出版社 2017 年 8 月版），对于我们了解孔子的教育教学思想与方法有着很大的助益。在发表于 2018 年第 10 期《中国教师》上的《再读〈学记〉》一文中，他谈到《学记》“有许多精辟的教育思想，符合教育规律，至今仍具有重要的现实意义”。他说：“《学记》还对教师教和学生学提出了许多符合教育规律的要求：教，要采取启发式，要提高学生的学习兴趣，循循诱导。”看来，顾先生对于教师如何引导学生体悟教学内容的奥秘，以及如何启发学生打开思维大门，进行创新性的学习，都进行过深入研究且有独到见解。

樊兴举 顾先生强调，启发式教学的核心在于激发学生的内生动力，引导学生通过自主探究和集体讨论，实现对知识的深层理解，形成多元思维。

如何启发诱导？顾先生强调，要通过生动的教学设计激发学生的好奇心。他主张知识与生活情境结合，打破课堂与社会和生活的边界，还要转变教与学的关系，运用现代技术激发兴趣。顾先生在探讨启发式教学时，曾以经典的“鸡兔同笼”数学问题为例，说明通过引导学生自主合作探究，能够突破传统单一的解题模式，发展学生的多元思维。案例及分析如下：

一是问题背景。笼子里有若干只鸡和兔，从上面数有 35 个头，从下面数有 94 只脚。问：鸡和兔各有多少只？

传统解法：通常采用代数方程法（设鸡为 x 只，兔为 y 只，列方程组求解）或“抬脚法”（假设所有动物抬起一半脚，通过差值计算）。

二是启发式教学中的学生探索。在顾先生提及的课堂案例中，教师并未直接教授解法，而是引导学生分组讨论，鼓励他们从不同角度思考。学生最终提出了 4 种解题方法，体现了思维的多样性和深度。

（1）代数方程法

设鸡为 x 只，兔为 y 只，列方程组：

$$\begin{cases} x + y = 35 \\ 2x + 4y = 94 \end{cases}$$

通过消元法解出 x 和 y。

思维特点：数学符号的抽象化表达，培养逻辑推理能力。

（2）假设替换法

假设笼子里全是鸡，则总脚数为 70（35×2=70）只，实际多出的脚数（94−70=24）是兔子多出的脚。每只兔多 2 只脚，因此兔子有 12（24÷2=12）只，鸡有 23（35−12=23）只。

思维特点：通过假设与修正逼近答案，锻炼逆向思维。

（3）画图直观法

学生用圆圈表示头，添加脚数：先给每个头画 2 只脚（全为鸡），剩余脚数（94−70=24）以每 2 只脚为一组补成兔子。

思维特点：具象化操作，帮助低年级学生理解抽象问题。

（4）列表穷举法

从鸡的数量为 0 开始逐步增加，计算对应的兔数和总脚数，直至匹配 94 只脚。

思维特点：通过试错与归纳，培养数据敏感性。

三是顾先生所强调的教学启示。

打破思维定式。传统教学中，教师往往直接教授一种方程法，而学生通过合作讨论，能自发探索出更贴近生活经验的解法（假设替换法、画图直观法等）。这说明知识可以通过多路径建构。

集体智慧的价值。小组讨论中，不同思路相互碰撞、补充，最终形成完整的解题策略库，体现了“社会性学习”对思维广度的拓展。

教师角色的转型。教师在此过程中并非“传授者”，而是引导讨论方向、鼓励质疑的“协作者”。例如，通过提问“如果全是鸡会怎样”或“能否用画图表达”，激发学生进一步探究。

从解题到育人。这一过程不仅解决了数学问题，更培养了学生的批判性思维、合作能力与创新意识，契合顾先生“教育要超越知识，指向人的全面发展”的理念。

四是对课堂实践的借鉴价值。

设计开放性问题，选择“鸡兔同笼”类解法多元的题目，为学生提供探索空间。组织结构化讨论，通过“独立思考→小组分享→全班汇总”的流程，确保每个学生的观点被听见。重视过程性评价，关注学生思维路径的独特性，而非仅追求答案正确。

“鸡兔同笼”案例生动地展现了启发式教学的核心——通过真实问题引导学生主动思考，在合作中实现知识的多维建构。顾先生借此强调，教育的真谛不是“教学生做题”而是“教学生像数学家一样思考”，培养终身受益的思维品质。

3. 兴趣续航

陶继新　于漪是学养极其深厚的语文特级教师，是基础教育领域唯一获得“人民教育家”国家荣誉称号者。

于漪老师的课堂教学堪称绝妙，她的讲解不仅有精妙自然的语言，而且蕴含着意味悠长的文化内涵。学生从第一次听她上课，便对其有了一种高山仰止的感觉，从而生成一种“欲罢不能”的学习欲望。更可贵的是，在于漪老师的课堂上，孩子们的兴趣不是转瞬即逝，而是愈燃愈烈。

数十年来，我对于漪老师的著述多有拜读，对其兴趣续航的奥妙有所了解。早在1985年，我专程赴上海对她进行了采访，并撰写了一篇长篇通讯《叩开学生兴趣的门扉——于漪老师教学艺术采撷》。

于漪在教学中确实叩开了学生学习兴趣的门扉，使学生在轻松愉悦的氛围里获得知识、生成智慧。

仅其上课时的开场白，就足以让学生沉醉其中。比如她在教《香山红叶》《海滨仲夏夜》《春》《济南的冬天》一组课文时，从引导学生感受美的角度直接切入。她说："继米开朗基罗之后，法国大雕刻家罗丹曾这么说：'美是到处都有的。对于我们的眼睛，不是缺少美，而是缺少发现。'"学生对名家名言感到新奇，一开始便对老师的教学着了迷。她接着说："我们在和大自然的接触中，可以说无时无刻不在感受着美。可是大自然的美，又不同于我们所看到的巧夺天工的工艺美，也不同于绕梁三日的音乐美，还不同于充满青春活力的人体的健壮美。然而大自然的美，又好像把这些美都包含在当中。我们祖国的大好河山，更是美得难以描绘，在春夏秋冬不同的季节，它会展现不同的美姿。今天我们所学的这组散文，正是写的我们祖国不同地方春夏秋冬的美色。"她的这段富有审美情趣的开场白，不

于漪

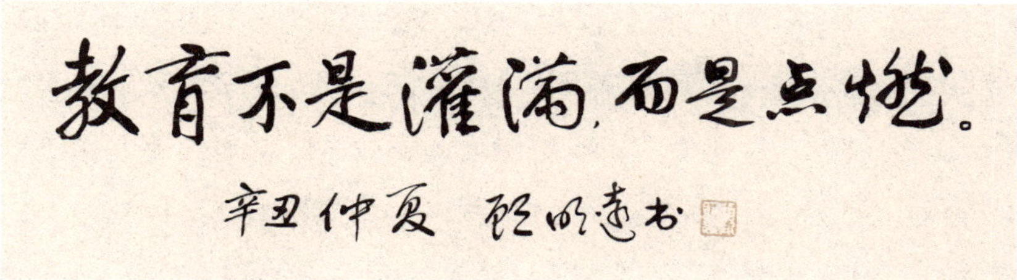

教育不是灌满，而是点燃

仅使学生产生了感受自然美的强烈感情，而且将学生引入追求文学艺术美的王国里。在分别教学这四篇课文时，她又从不同的审美角度，引导学生去欣赏教材中所描绘的不同季节、不同地方的壮丽秀美的祖国河山。

于漪不仅让学生感受自然的优美，也让学生体味志士仁人英勇就义的壮美。教《刑场上的婚礼》一课时，她先说了这么两句：“‘刑场’是死亡的场所，意味着生命的结束，是悲的气氛；‘婚礼’是欢乐的事情，意味着幸福，是喜的气氛。然而，两者合而为一的事情却发生了，这究竟是怎么一回事呢？”于漪教学《最后一次讲演》时，一上课就在黑板上写下了闻一多先生《红烛》诗里的四句：“请将你的脂膏，不息地流向人间，培出慰藉的花儿，结成快乐的果子。”这四句诗，是诗人对世人的希求，也是自身的生动写照。闻一多先生首创诗歌的建筑美、音乐美、绘画美，并终生实践，给美学园地增添了一枝奇葩。这四句诗，可以看出他的美学追求。这时，学生也为这一著名诗人的名句所吸引，产生了探求其奥妙的兴趣。

孔子说：“知之者不如好之者，好之者不如乐之者。”于漪的教学实践证明了这位教育先哲论断的正确。

樊兴举 顾先生讲："没有兴趣就没有学习。"那完全可以说，没有持续的兴趣就不可能有可持续的学习。因为孩子的兴趣会因内驱力、自控力、注意力的不可持续而减弱或中断，也会因问题的难度加大、内容形式的枯燥和"猪队友"的负面影响而难以续航。让孩子在学习中不断尝到"甜头"，是兴趣续航的关键。

一是用点滴进步的甜头，激发学习动力。孩子在学习过程中每一个微小的进步，都值得关注和肯定。比如，当孩子原本歪歪扭扭的字迹变得工整了一些，家长要及时发现并给予表扬。看似微不足道的进步，一旦得到肯定，就会让孩子品尝到学习带来的喜悦，从而激发他们进一步学习的动力，让他们更有信心去追求更大的进步。

二是用运用知识的甜头，感受学习的魅力。例如，在学习了数学的加减法后，让孩子去超市帮忙算账。当他们准确地算出商品的总价时，会有一种成就感。学习了自然科学知识后，带孩子去户外观察动植物，让他们用所学的知识来解释自然现象。将知识与生活紧密相连，让孩子在实践中尝到运用知识的甜头，会使他们更加热爱学习，进而主动去探索更多的知识。

三是用培养兴趣的甜头，开启乐学之门。比如，孩子喜欢绘画，他们在绘画过程中可以自由地发挥创造力，表达自己的情感和想法。当他们完成一幅作品并得到他人的赞赏时，会感到无比开心。

四是用解决难题的甜头，树立攻坚克难的勇气和信心。比如，在做数学题时，孩子经过反复思考和尝试，终于解出了一道难题，这时家长可以和孩子一起庆祝。解决难题的甜头，会让孩子感受到成功的喜悦，树立起学习的信心。

五是用合作学习的甜头，体验合作的乐趣。在合作学习中，孩子可以与同伴相互交流、相互帮助，共同完成学习任务。当小组在比赛中获得胜利或者共同完成了一个项目时，孩子们会感受到团队合作的力量和乐趣。

陶继新 其实，从古到今，真正能够成为大师者，几乎无一例外都是学习兴趣的主动续航者。

孔子便是一个鲜活的案例。他知识丰富，成就卓越，两千多年来，几乎无人能与之比肩。其中的奥秘何在呢？原因当然非止一端，而其终身乐学无疑是一个重要的因素。他一直“学而不厌”，五十而学《易经》的时候，还有了流传千古的“韦编三绝”的故事。乃至到了老年，学习兴趣非但不减，而且愈加浓厚，他说自己“发愤忘食，乐以忘忧，不知老之将至云尔”，就是一个生动的写照。

樊兴举 霍金是现代伟大的物理学家。他从小就对宇宙产生了浓厚的兴趣，而且展示出非凡的天赋。然而，他 21 岁时被诊断出患有肌萎缩侧索硬化症，给他的生活带来了巨大的困难。但是，他坚持在轮椅上运用电脑技术，继续从事理论物理研究，深入探索宇宙的起源、黑洞的本质。

达尔文是世界生物学的奠基人之一。他对生物学的兴趣可以追溯到童年时代。他喜欢探索大自然，对植物和动物多样性与物种演化问题产生了浓厚而又持久的兴趣。1831 年，达尔文登上了“贝格尔号”军舰，开始了他著名的环球航行。在这次航行中，他收集了大量的动植物标本，并进行了认真的研究，为他后来著述《物种起源》奠定了基础。

世界著名科学家爱迪生、美国苹果公司创始人乔布斯、2025年中国电影票房榜首《哪吒2》的导演饺子（杨宇），之所以都能取得举世瞩目的成就，与他们几十年的兴趣续航息息相关。

陶继新 其实，顾先生也像孔子一样，不但小时候对学习产生了兴趣，而且一以贯之，持续至今。我读过他写的《我的人生是不断学习的旅程》，明白他的巨大成就是和他的终身学习密切相关的。每次见到顾先生，听其谈教育、谈人生，都极为受益。顾先生虽年事已高，可他的精神却蓬勃出万千青春气象，这恰恰是其内生的学习动力焕发出来的一种光芒。

二、兴趣缺失

1. 内驱不足

陶继新 顾先生在《孩子到12岁还没有自己的兴趣爱好，会很危险》一文中写道："我们现在学校中许多学生缺乏学习的兴趣，把学习变成了完成父母、老师布置的任务，处于一种被教育、被学习的状态。"

顾先生在和佐藤学面对面地探讨怎样激励学生"好好学习"的问题时，大声疾呼："中国亟须改变的就是'被学习''被教育'的状况，解决了这个问题，真正的学习就发生了。"其言也厉而又切中要害。

周恩来当年"为中华崛起而读书"的豪言壮语，虽然还会在我们耳畔回响，可在不少中小学生的心里，已经很难激起波澜。在家长的监管和老师的督促之下被迫学习者，已经不是一个很小的比例。即使一些学生为了考上大学而加班加点地学习，一旦升入大学，其学习的动力也会大为减弱；某些为了考研而继续"奋斗者"，在达到目的之后，也多会"躺平"而去享受安逸之乐。

究其原因，是学习动力不足的问题。

樊兴举 顾先生强调："兴趣是学习最大的内驱力，或者叫内在动机。"夸美纽斯在《大教学论》中讲道：

“孩子天生是有求知欲望的，他们渴望学习，对学习有兴趣。”我们要追问的是：当下孩子的天性到哪里去了？兴趣和动力又跑哪里去了？为什么厌学、躺平的孩子越来越多呢？

邵燕祥先生写过一首诗，诗的大意是：放风筝的孩子，哪儿去了？难道你们也像萤火虫儿一样，让人捉去了吗？难道你们像知了，让人使计粘去了吗？难道你们像雪人一样，在阳光下被融化了吗？难道你们像风筝一样，挂在电线上，被风撕碎，跌落到天边地角，化作尘泥了吗？

这首诗感叹孩子的天性、兴趣和动力的丢失，是应试教育和极度内卷背景下“救救孩子”的呐喊。放风筝的孩子不见了，是因为孩子的兴趣不见了，是孩子天真的世界不见了。在大力培养拔尖创新人才的今天，教育最大的作为应该是保护好孩子的好奇心，发掘孩子的兴趣和潜能。让我们以顾先生“没有兴趣就没有学习”共勉吧！

陶继新　一个从小学到高中都发奋学习的男孩，终于通过高考如愿以偿地进入名牌大学，其后继续努力，又考取了研究生，取得了硕士学位，之后又有了一份令人羡慕的工作。他认为已经大获全胜，在兴奋与狂欢之后，不再努力学习，而且大量抽烟，嗜酒成性。

时间过得很快，前年已经退休的他，终日泡在麻将桌前。前不久，他得了白血病和脑血栓，已经卧床不起。

其实，这个人相当聪明，如果在工作之后继续努力，生活中严格自律，一定会取得很大的成就，身体也会相当健康。当年，我曾认真地劝告他“学不可以已”，可是他认为有了一份好的工作，自己随心所欲地生活，就是一种幸福。

樊兴举 荀子在《劝学》中写道："锲而舍之，朽木不折；锲而不舍，金石可镂。"古人云："行百里者半九十。"陶老师讲的这个故事，说明正确的兴趣续航对人生的持续幸福是至关重要的。

关于"兴趣续航"，顾先生从教育理念、实践方法及终身发展等角度作了阐释。以下是他的重要观点：

（1）兴趣是学习的根本动力。顾先生提出"没有兴趣就没有学习"的核心观点，认为兴趣是学生主动探索、持续学习的内在驱动力。他反对以应试教育的方式机械地考核学生，强调教育应通过激发兴趣来维持学习的持续性。例如，他提到体育教育应避免统一标准化的测试，而应根据学生的个体差异和兴趣选择活动方式，从而让体育锻炼成为终身习惯。在学科教学中，首先要尊重学生的兴趣差异，让学生自主选择所喜欢的学科和专业，这可能成为他一生的研究方向，如杨振宁在西南联大由化学转为物理，转出了他一生的辉煌。其次，教师需通过设计活动、创设情境等方式，让学生在参与中感受知识的魅力。

（2）在活动中培养兴趣。顾先生认为，兴趣的"续航"需要教育者将学习与生活、实践相结合。他主张通过多样化的活动（如体育运动、社会实践、创造性项目）让学生在实践中体验学习的乐趣，从而形成持久的兴趣。例如，他回忆自己在师大附中任教时，通过组织学生参与劳动等，发现学生的兴趣和潜能，并以此为基础引导他们深入学习。这一理念也体现在他对家长的建议中，他鼓励孩子在玩中学，通过自由探索而非强迫性任务来培养兴趣。

（3）保护好奇心与开放心态。顾先生特别强调，青少年时期是兴趣培养的关键期。教育者需保护学生的好奇心与想象力，避免用过多的规则或功利性目标抑制其天性。例如，他批评传统教育中要求学生“背手听课”的做法，认为这会压制学生的主动性和创造性。他主张教育应营造开放的环境，尊重学生的个性差异，并通过信任和理解建立平等的师生关系，从而让兴趣自然生长。

（4）持续兴趣与终身发展。顾先生从终身教育的视角指出，青少年时期培养的兴趣和能力将影响个体的一生。他以自身经历为例，提到幼年时期对足球、乒乓球的兴趣不仅增强了体质，还塑造了坚韧、合作的品质，这些品质在老年时期仍支撑着他的健康与活力。因此，他主张教育需关注学生的全面成长，将兴趣培养与德育、美育等结合起来，形成“健康的心理和高尚的精神世界”，从而为终身发展奠定基础。

（5）以爱为根基放飞孩子。顾先生将“爱”视为教育的前提，认为教师的爱应是无条件且包容的。他提出“没有爱就没有教育”，强调教育者需通过细微的关怀、耐心的倾听和真诚的鼓励，帮助学生建立自信并发现兴趣。例如，他建议家长“不要把孩子放在笼子里，而是要放飞他们”，通过减少控制、增加支持，让孩子在自主探索中找到热爱的方向。这种以爱为根基的教育理念，本质是为兴趣的持续发展提供情感保障。

顾先生的“兴趣续航”观，不仅关注学习动力的即时激发，更强调通过教育环境的优化、教育方法的创新及教育者的情感投入，实现兴趣的长期维系。他的思想体现了对教育本质的深刻理解：“教育不仅是现在的知识传递，更是为孩子一生奠基的人格塑造与生命力的唤醒。”

陶继新　对于幸福，不同的人有不同的理解。我认为，幸福应当是久存于生命个体心中的那份具有高尚情结的快乐。幸福的一个突出特点就是快乐。我在“快乐”之前又加了两个定语：一是“久存”，不是短暂的快乐，而是持久乃至一生的快乐；二是“高尚”，一个人成为高官，但贪污腐败不是幸福，一个人有亿万资产，花天酒地也不是幸福。有了高尚的品质，才拥有了真正意义上的幸福。

顾先生如此高龄，可他的脸上一直荡漾着一种真正意义上的幸福。那是一种心灵之美的外化，应当让更多的人“学而时习之”。

樊兴举 顾先生指出：“孩子现在没有幸福，将来也不会有幸福。”如何给孩子一个幸福的人生？电影《哪吒2》给了我们以下启示：生命至上，孩子的健康和安全是家庭最大的幸福；打破偏见，人心中的成见是一座大山，不要对孩子贴标签；广交好友，孩子成长路上需要优秀的伙伴；尊重差异，接纳孩子的独特性和不完美，不拘一格培养孩子；滴水穿石，最高级的吃苦是长期专注做好一件事；我命由我，勇气是打破困境的唯一出路；人各有需，把选择权还给孩子，家长、老师当好参谋；欲擒故纵，用信任代替控制，放飞孩子；量子纠缠，高质量地陪伴胜过物质补偿和惩罚；我儿我爱，“无论是仙是妖都是娘的儿”；爱生胜子，做老师当做太乙真人；正气浩然，帮助孩子构建健康的自我认同和博大格局。

2. 机械灌输

陶继新 所谓机械灌输，是指教师在课堂教学中根本不考虑学生的接受能力和学习兴趣，而是一厢情愿地将知识灌输给他们。

对此，顾先生在《没有爱就没有教育，没有兴趣就没有学习》

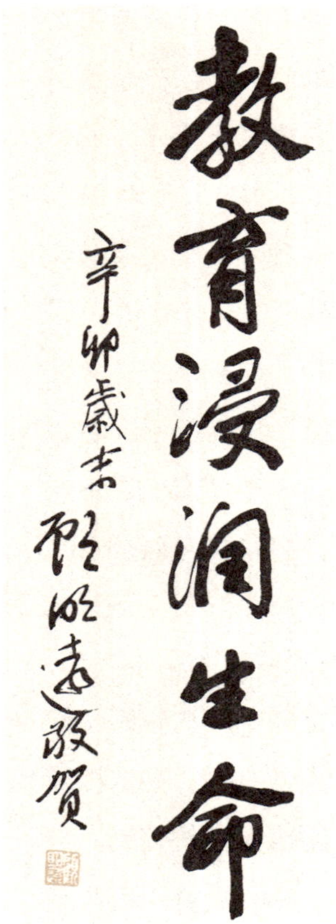

教育浸润生命

一文中形象地批评道："学生不是橡皮泥，可以随便塑造。学生是活生生的人，他有主观能动性，他不是被动地接受教育。""学生不是留声机，不是录音机。"

是啊！学生是有血有肉的生命体，是有自己思维的人。教师不管学生是不是愿听，是不是接受，一味灌输，怎么能够抵达高效的境界？

需要说明的是，我不是全盘否定教师讲，讲得好而精，也是必要的，它与机械灌输不是一回事。尽管如此，也不要从头讲到尾，要学会让位于学生。有的时候，老师讲到学生最感兴趣的某个节点时戛然而止，让学生自主探索求知，更利于他们学会学习、善于学习乃至乐于学习。

樊兴举 顾先生强调："教学不能满堂灌，学生不能被学习。"

陶行知先生喂鸡的故事形象地说明了这一道理。有一次，陶行知先生在武汉大学演讲。他走上讲台，不慌不忙地从箱子里拿出一只大公鸡。台下的听众全愣住了，不知陶先生要干什么。陶先生从容不迫地掏出一把米放在桌子上，然后按住大公鸡的头，强迫它吃米。但是，大公鸡只叫不吃。怎样才能让公鸡吃米呢？他掰开公鸡的嘴，把米硬往鸡的嘴里塞。大公鸡拼命挣扎，还是不肯吃。然后，陶先生轻轻松开手，把鸡放在桌子上，自己后退了几步，鸡自己就开始吃米了。这时陶先生开始演讲："我认为教育就像喂鸡一样。先生强迫学生去学习，把知识硬灌给学生们，学生被动而痛苦，即使学也是食而无味。如果让学生对知识好奇，主动自由地学习，那效果一定好得多。"台下一时掌声雷动，为陶行知先生的演讲开场白叫好。

陶继新 叶圣陶先生说："教师之为教，不在全盘授予，而在相机诱导。"只要教师导之有法，学生的学习主动性被调动起来，蕴藏在其内心的学习潜能就能激发出来。正如顾先生所说："教师的主导作用在于启发学生的学习积极性，指导学生学习，和学生共同学习。"因为"如果不发挥学生的积极性，教育效果很有限"。

3. 负担过重

陶继新 中小学生课业负担过重及由此引发的睡眠不足、身心疲惫乃至抑郁等，已经成为一个十分严峻的问题。2018 年 12 月 28 日，教育部等九部门发布《关于印发中小学生减负措施的通知》，对减负提出了明确的规定。

学生负担过重有林林总总的表现，也有各自的原因。

一是课上负担过重。教师教学观念落后，教学方式僵化，教学效率低下，学生学得枯燥无味。

顾先生认为，要把课堂教学搞好，要上好每一节课。把课堂教学搞好了，学生听懂学会了，作业就可以少布置一点，负担就减轻了。

二是学生课业负担太重。教师布置课外作业太多，家长又让孩子参加名目繁多的学业辅导班，导致孩子睡眠严重不足，身心健康受到影响。

2019 年，我应邀前往上海新纪元教育集团瑞安总校采访，发现学生们个个红光满面、精神抖擞，而且每年升学成绩在全区都名列前茅。问及原因，总校长叶绍胜用“睡出学习力”作了回答。他认为，充足与高质量的睡眠可调节生理机能，维持神经系统平衡，缓解疲劳，减轻压力，使人精力充沛，保持健康，提高学习效率。为此，该校硬性规定，小学生、初中生和高中生每天睡眠时间分别不少于 10 小时、9 小时和 8 小时。他们还采取了服务学生睡眠的相应举措，保证了所有学生的睡眠时间。

三是评价机制不合理导致学生负担过重。当前的教育评价过于注重考试成绩，导致一些学校、教师和学生陷入“排名内战”的困境。

顾先生在 2021 搜狐教育年度盛典上发表了题为《新形势下教育本质与价值观的再思考》的主题演讲，提出“减负”不仅仅是减少一点作业，最根本的问题是要培养学生开朗的性格、开放的心态、健全的人格。

评价导向如果出现了问题，不管如何减负，都不可能培养出健康人格的学生。为此，顾先生提出要改革现有的教育评价机制，不再单纯以考试成绩来评价学生和教师，应采用多元化的评价方式，在减轻学生学业负担的同时，让各类学生都感受到被欣赏的幸福感。

樊兴举　学生负担过重是一个全球性的教育和社会问题，涉及课业负担、课外补习、心理压力等多方面。以下是不同国家和地区的典型案例及其背后的原因和影响：

中国："双减"政策前的教育内卷。学生每天在校时间平均超过 10 小时，课后作业繁重，周末被学科补习班填满。家长为让孩子进入名校，投入大量资金参与"超前学习"。2021 年上海某初中生因无法承受升学压力跳楼，引发社会对教育内卷的反思。媒体报道"海淀妈妈""顺义妈妈"群体，反映了家长对子女教育过度投入的焦虑。

日本："考试地狱"与"心理危机"。高中升学竞争激烈，学生普遍参加"塾"（补习班）至深夜。"四当五落"文化：每天睡 4 小时能考上理想大学，睡 5 小时就会落榜。日本青少年自杀率在每年升学季（2—3 月）显著上升。部分学生因压力大产生"不登校"（拒绝上学）现象。政府推动"宽松教育"改革，但被批评会导致学力下降，近年重新加强学业要求。

韩国：补习至凌晨的"教育狂潮"。韩国学生平均每天学习 13 小时，70% 以上参加收费高昂的私人补习班。首尔江南区补习班密集，凌晨 1 点仍可见学生下课。2023 年首尔一名高中生因不堪补习压力在社交媒体直播自杀，震动全国。政府多次立法限制补习班时间，但不少家长通过"秘密补习"或聘请家教规避监管。

印度：印度理工学院入学考试和医学院考试竞争惨烈，录取率不足 1%。泰米尔纳德邦被称为"学生自杀州"，2022 年报告超 200 起学生自杀事件。考试被视为底层家庭改变命运的唯一途径，贫困家庭甚至借贷供孩子补习。多地爆发要求取消医学院考试的示威，政府尝试引入"双轨入学"制度缓解压力。

美国：精英高中的隐性负担。硅谷精英高中学生为申请顶尖大学，同时应对先修课程（Advanced Placement）、竞赛等。斯坦福大学调查显示，80% 的优等生存在焦虑或抑郁症状。部分州立法限制先修课程数量，大学招生逐步弱化标准化考试权重。

全球共性原因分析：一是教育资本化。补习产业与名校利益链形成“压力共同体”。二是社会不平等。教育被视为阶层上升唯一通道，底层家庭被迫加倍投入。三是技术异化。在线教育模糊学习与休息界限，学生 24 小时被学业包围。四是文化观念。东亚“万般皆下品，唯有读书高”传统与西方“成功学”的结合，加剧教育的内卷与焦虑。

顾先生说：“学生负担过重，不仅影响到身体健康，而且影响到心理健康，还导致学习兴趣缺失。被动学习，不仅学习效率不高，而且会扭曲心理：把学习作为竞争手段，把同学视为竞争对手，导致同理心和抗挫力缺失。”他还强调：“学生负担过重，没时间走进大自然、走进社会，对他们的学习和将来的发展不利。”

顾先生指出，学生负担过重，除学校高压外，校外培训机构也不可忽视。他说：“几年前，我和某市中小学校长座谈，校长们都向我诉苦，说学校被培训机构‘绑架’了，严重增加了学生的课业负担和家长的经济负担，尤其是经济不富裕的家庭不堪重负。有些机构质量不好，安全不达标，存在安全隐患。所以，校外培训机构需要治理和规范。”

关于教育评价改革，顾先生直指教育痛点，其核心主张是回归教育本质——培养全面发展的人，而非“考试机器”。

一是破除“唯分数论”，倡导多元评价。顾先生指出：“传统的教育评价过度依赖分数，学生成为分数的奴隶。”他倡导多元评价体系，弱化分数的唯一权威性。二是从“结果评价”转向“过程评价”，不能一考定终身。要看学生的成长过程，关注学生健康成长。三是强调核心素养导向。顾先生支持以“核心素养”作为教育评价的框架，即培养学生终身发展和社会发展需要的必备品格与关键能力。四是改革考试制度，推动教育公平。考试制度不合理导致资源不均衡，如“掐尖招生”破坏教育生态，应探索中高考“分类考试、综合评价、多元录取机制”。五是去行政化，让教师参与评价改革，给教师赋能。六是推进教育与技术融合，利用大数据、人工智能，让评价更精准化和个性化。

陶继新 教育部班主任国培班授课教师、南京市芳草园小学班主任郭文红认为，没有“差生”，只是学生的性格、爱好、天赋等不同而已，应当让各方面的“人才”脱颖而出。为此，她开设了学生讲座，让 50 多个孩子各自展示了非同凡响的风采。更重要的是，每个演绎精彩的学生，都得到了大家的赞赏，并在赞赏中生成一种自信心与自豪感。

樊兴举 顾先生指出：“所谓‘差生’或‘后进生’，往往是没有发现他们的特长和潜能，没有找到适合他们的教育方式和环境。”

4. 学困无助

陶继新 学困无助，即人们常说的学困生“习得性无助”，指在学习过程中重复的失败或惩罚而造成的一种无望和无奈的行为、心理状态。这种消极的心理定式，让学生无法较好地开展下一步的学习活动。有的甚至情绪极不稳定，由开始的烦躁不安到后来变得冷淡、悲观、颓丧，乃至陷入抑郁状态。

其实，孩子初入小学的时候，大都有一种比较积极的心态，对学好也有一定的信心。可由于某些客观和主观原因，他们慢慢趋于消极，陷入习得性无助的泥潭之中。

樊兴举　学困生的无助主要表现为动力不足、能力不足、基础薄弱、阶段困难和整体困难五种类型。关于其形成原因和解决方案，顾先生的主要观点是：

一是当前教育环境过度强调分数和名次竞争，导致学生长期处于高压状态，学习动机被异化为“避免责骂”或“争夺排名”，而非源于内在兴趣或求知欲。这种功利化导向使学生失去学习热情，尤其对学困生而言，反复的挫败感加剧了其“习得性无助”。

二是社会用人制度的学历主义加剧了“得天下英才而教育之”，导致两极分化和学困生群体增大。用人单位过度依赖学历筛选人才，导致教育沦为“分数和学历的竞赛场”，学困生因无法适应标准化和高难度的考试而被边缘化。

三是家长和学校的攀比心理将“起跑线”无限提前。统一的评价标准忽视了学生的个体差异，学困生因无法达到统一进度和难度而被贴上“差生”标签，进而被歧视甚至被抛弃。

四是教育理念与教学方式的偏差。如，教师严格规定学习步骤和内容，学生缺乏选择权和探索空间。顾先生强调，这种填鸭式教学压制了学生的自主性，导致他们被动接受知识，无法建立学习主体性。

五是“没有兴趣就没有学习”，但现行课堂常以知识点灌输和刷题为主，忽视学生的学习兴趣培养，尤其是学困生因缺乏情感联结而难以实现知识的衔接，在听不懂、做不对的困境中难以自拔。

总之，学困生问题是教育生态失衡的表现，需要从制度革新、教学方式、情感支持三方面入手，将学习从“被动竞争”转向“主动探索”，最终实现“每个学生都能在适合的土壤中成长”。

陶继新　学困生的无助也有主观原因。他们从教师和家长那里受到冷落乃至打击之后，现实中又看不到成功的希望，认为自己天生愚笨，智力低下，即使努力也不可能取得好成绩，于是就放弃了自我努力，生成了沮丧和自卑心理。

樊兴举　不能把学困生逼成“惊弓之鸟”。很多时候，打败学困生、让他们陷入情绪内耗之中的并不是别人，而是埋藏在他们内心深处无法释怀的“旧伤”，以及“旧伤”所带来的莫名的恐惧与焦虑。所以，解决学困生问题首先要解决他们的心理问题。

陶继新　如何帮助学困生走出习得性无助的困境呢？这让我想起了 2021 年秋天顾先生为陕西师范大学实验小学的题词：“坚持因材施教，帮助学困生脱困并取得学习成功，是教育面向全体的重要内容。”

河北省雄安博奥高级中学张斌利校长培养学生成长型思维，赋予学生向前快乐奔跑的能力。一次又一次的成长型思维讲座与训练让学生认识到，失败与挫折只是自己走向成功与未来的一种考验，甚至是命运的一种特殊恩赐。由此，学生不但具备屏蔽负面情绪的能力，而且具有了直面挫折的意志力和自控力。于是，学习的效率大幅提升，快乐的指数也大大提升。这种成长型思维不只是作用于当下，还向未来延伸。

樊兴举　成长型思维是一种相信能力可以通过努力、学习和经验不断提升的思维方式。在教育领域，表现为学生从“不会”到“我可以”。比如，一个孩子在拼七巧板时遇到困难，家长不去代替孩子做，而是和孩子一起去探索，引导孩子去探究。结果孩子在探索过程中主动思考、质疑、攻关，最后成功复原了七巧板，体验了自主探究的乐趣，也提升了自己。在商业领域，马云在最困难的时候招募了一批年轻的非专业人才进入阿里巴巴，运用成长型思维成就了阿里巴巴。在体育领域，乔丹曾遭校队淘汰，他运用成长型思维加倍努力，最终成为美国职业篮球联赛巨星。

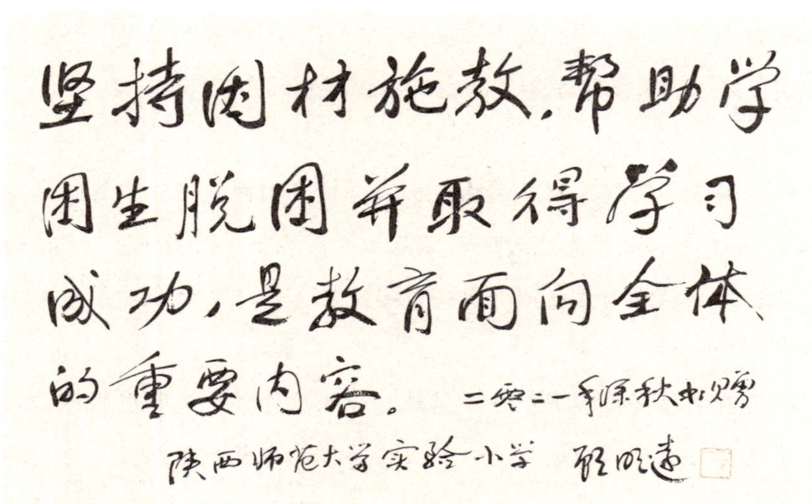

三、兴趣激发

1. 生本课堂

陶继新 生本课堂，即以学生的发展为本的课堂。在一般人看来，生本课堂是一个新概念，其实早在两千多年前，孔子的课堂就是生本课堂，他的教学都是立足于学生发展的。

顾先生早在20世纪80年代就提出了“学生主体说”。他认为，用灌输的方式让学生接受知识是低估了学生的学习能力。学生有很强的潜在能力，他们自己能解决很多问题。

为此，顾先生把现代教师在课堂中应扮演的角色归结为四种：学习环境的创设者、学习资源的提供者、学

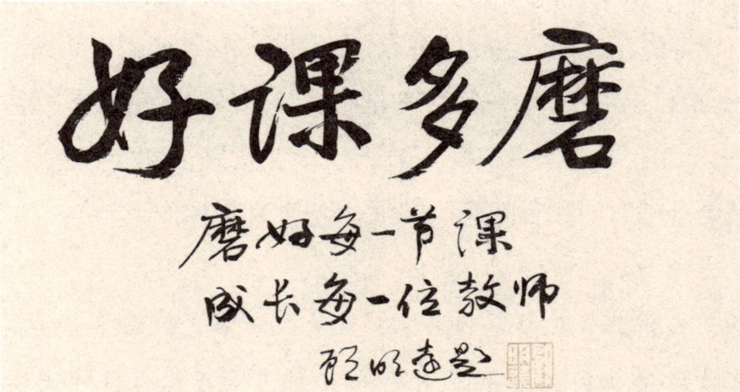

好课多磨

习过程的陪伴者和学习结果的评价者。教师要适应从前台退到幕后的角色转变，让学生成为舞台上真正的主角。

樊兴举 生本教育与师本化、灌输性教学相对立，有强大穿透力、冲击力、震撼力和感染力，正在悄然改变着中小学课堂。如何让生本教育真正流行起来，建议从以下几个方面着手：

一是树立生本理念。顾先生指出，生本课堂中教师不仅是知识的传播者，更是学生学习的引导者、参与者、合作者和组织者。生本教育，要充分重视学生的主体性作用，要相信“儿童是天生的学习者”。教师应是“生命的牧者”，要把教学内容从一大堆知识点转变为知识的“灵魂和线索”。

二是策划前置性学习内容。要积极做好课前准备，教师可在每节课前给学生布置前置性学习内容，引导学生根据第二天要学习的内容，通过网络、书本、家长等去自觉预习并记录预习成果，引导学生在自主合作中生成问题。

三是鼓励课堂讨论。生本教育要求学生充分发挥主体性作用，提倡幽默风趣、观点碰撞的课堂。在实际教学中，教师应该多安排讨论环节，引导学生充分表达自己的观点，让问题在讨论中得以清晰。

四是主动让出讲台。传统教育教学中，常见的一种现象就是教师一个人在讲台上讲，学生在底下听。生本课堂则以学生为主体，要求教师把更多的时间和空间还给学生，让学生走上讲台。

陶继新 当代教育改革家魏书生，就是生本课堂的倡导者和践行者。他主张让学生自主学习，从1994年便开始了培养学生自学能力的实验。他说，要让学生牢牢地掌握这样一种学习方式——每天背起书包，来到学校；走进学室，拿出学材，开始自学；遇到问题，查找资料；实在不会，大家商量；没有答案，自己再行思考与研究。魏老师认为，自主学习能让所有的学生——包括学困生——都能拥有自我发展的能力，且能不断地享受学习。

当时有人说魏老师讲课太少，他一听就有点儿来气："不是嫌我少吗？我干脆就一篇也不讲。"结果，教学三年，真的没有讲课，结果 1997 年升学考试依然遥遥领先。因为他的学生真正成了学习的主人，有了学习的积极性，学会了学习。《学记》有言："善学者，师逸而功倍，又从而庸之。"事实确实如此，魏老师的学生，逢人便讲，魏老师是我们上学以来遇到的最好的老师。

其实，多年来，我在全国采访的教学改革典型几乎都关注了学生的自主学习，学生不但学得效率高成绩好，还学得快乐而幸福。

樊兴举　全国乡村教育家、正高级教师朱良才的游戏数学"四步曲"就是很好的生本课堂实践。

第一步，让学生提出问题。在课堂上，朱良才以学生喜欢的童话《小猴子下山》引入，一下子就吸引了学生的注意力。他问："听了故事后，你们想知道什么？"学生争先恐后提出了许多有价值的问题："我想知道先下山有几只猴，后下山有几只猴。""我想知道一共有多少只猴。"……学生的主动性被激发，燃起把一个个问号转化为句号的热情，以积极的心态投入到学习中。

第二步，让学生探索新知。在教学"6+8"时，朱良才引导学生："小猴子不会算，你能帮它想出好办法吗？"学生们个个跃跃欲试。朱老师先把机会让给了性格内向的生 1。生 1 说："8+1+1+1+1+1+1=14。"灵活敏捷的生 2 迫不及待地站起来说：

"把8凑满10，把6分成2和4，8+2=10，10+4=14。"胆小不爱说话的生3也坐不住了，他兴奋地说："口算8+6=14，所以6+8=14。"朱老师抓住这一有利时机，启发学生运用已有的知识经验来解决问题，探究的火花被点燃了，学生很快找到了解决问题的方法。

第三步，让学生交流思路。独立探讨"6+8"的计算方法后，朱良才安排了三次活动：首先，让学生梳理一下自己的思路，准备小组交流。其次，以四人小组为单位进行交流，学生尽情展示自己的算式，享受成功的喜悦，同时也倾听别人的意见，开阔思路。最后，整理成果，全班汇报。在交流中，学生们互相启发，不仅拓宽了思路，也培养了互相学习、取长补短的好习惯。

第四步，让学生发现规律。为了让学生更好地掌握加法交换律，朱良才创设了"加法宫殿运砖"的情境，要求把写有算式的"砖头"运到相应的地方。学生开始兴致勃勃地一块块"运砖"。朱老师引导说："除了一块块地搬，你能想出其他又对又快的方法吗？"经过短暂的沉默后，课堂又恢复了生机。

陶继新 顾先生曾谈到当年杜郎口中学崔其升校长对他说的话："老师少讲，让学生自己学习，自己来讲，结果极大地调动了学生的学习积极性。"杜郎口中学可以说后继有人，现任校长张代英继续进行课堂教学改革，并升华了原来的"三三六"教学模式。所谓"六"就是课堂六环节，也称"六学"，核心就是激活学生的思维，引导学生自主学习、独立思考。只要自己能通过思考解决的问题，就自主钻研、不求于人，这是学以致胜的关键。

樊兴举 谈到崔其升校长和“杜郎口旋风”，就不得不提到另一个课堂改革的典型——蔡林森和他的“洋思神话”。

蔡林森校长

民办教师蔡林森 18 岁那年当上了村办洋思初中的校长。由于老师不足，只能两个年级合班（复式）上课。一个班听老师讲课时，另一个班只能自学。他由此创立“先学后教，当堂训练”的生本课堂新模式，老师每节课给每班讲述不能超过 15 分钟。

他 65 年如一日，践行顾先生生本理念，深耕生本课堂，成就了江苏洋思神话和河南永威奇迹，荣获“全国十大明星校长”“全国首届十大乡村教育家”称号。83 岁的蔡林森，至今仍站立在“先学后教”的生本课堂上，用与时俱进的生本课堂诠释着他“没有教不好的学生”和“为教育而生的人永远年轻”的教育信仰。

顾先生这样评价蔡林森：“蔡林森校长的‘先学后教’和‘没有教不好的学生’这一教育信念，是公平而有质量的教育观的体现，与孔子有教无类、陶行知爱满天下理念相一致，是一种情怀，尤其在没有生源和师资优势的学校，校长更该有这样的自信。”

陶继新 我非常欣赏《周易》里的一句话：“二人同心，其利断金；同心之言，其臭如兰。”意思是，只要两个人齐心协力，他们的力量犹如利刃可以截断金属；志同道合者之间的交谈，如同兰草般散发着迷人的芬芳。这道出了合作的重要意义。古往今来，合作才能共赢是一则铁律。不少学校课堂上的小组合作学习，不仅大大提高了学习效率，而且闪耀出同声相应、同气相求的精神光芒。

樊兴举 顾先生指出："学习应摒弃竞争，注重友爱合作与共同进步。在学习的过程中，我们应该倡导友爱合作的精神，通过互相切磋、共同学习来促进彼此的进步。这样，当学生步入未来社会时，将更具备竞争的实力。如果把同学视为竞争对手，把学习视为竞争工具，竞争的结果会使一些所谓失败的学生失去信心，导致抑郁或辍学。不要把学生分成三六九等、贴标签，而是要鼓励学生平等合作地学习。"

陶继新 常见的合作小组形式，就全班而言，是同质异组的，即小组不同，而各个小组学生水平高下是相对一致的；就每个小组而言，是同组异质的，即同一小组内学生的学习成绩高低不同，有上中下之别。

樊兴举 教育家陶行知先生关于分组学习的核心理念是：

（1）自主分组。他主张学生根据兴趣和需求自主分组，而不是由教师强制分配。他认为，学生自主选择小组，找到自己喜欢的队友，更能激发学习热情和责任感。

（2）合作学习。他强调小组内合作互助，认为学习不仅是个人行为，更是集体活动。通过合作，学生可以互相启发，共同进步。

（3）任务驱动。分组要以具体任务或项目为导向。他提倡"教学做合一"，即通过实践来学习。小组成员共同完成一项任务，既能学习知识，又能培养实践能力。

（4）评价反思。分组学习后，进行集体反思与评价。学生可以通过讨论总结学习经验，发现不足，并改进未来的学习方式。

（5）生活教育。陶行知的分组学习理念与他的“生活即教育”思想密切相关。在晓庄试验乡村师范学校，无论是在课堂上、实验室里，还是在田间及社会调查中，陶行知总是精心指导老师把学生分成若干小组，引导学生互帮互学，共同发展。

陶继新　这种小组合作学习基本上都采取捆绑式评价，也就是说老师一般不评价个人，而是评价小组的整体表现。这种评价方式把小组作为一个整体，组员一荣俱荣，每个人都会积极为小组争光。这种评价方式还有一个共同的特点，比如说四人小组当中，有A、B、C、D四个能力层级，A是最高的，D是最低的，老师提问时，如果A回答就给2分，B回答得4分，C回答得6分，D回答则给8分。为什么？因为这样可以鼓励小组成员全力参与，能力最弱的通过较多的参与可以较好地掌握知识。于是，学优生为了给小组多挣分，就会主动地帮助学困生。同样，为了小组的集体荣誉，学困生也会奋起直追，严格要求自己。这是一个互助共赢的过程。

如此，小组成了一级学习组织，不但要有组长，而且要形成小组学习文化，包括在小组发言声音不宜太大，每个发言要有一定的时长，如何进行即时评价等。小组学习文化形成之后，不仅可以提升学习的质量与效率，还会在无形中培养学生的合作精神。

樊兴举　小组合作评价一旦形成文化，将内生集体的力量和智慧。它主要包括五个维度：

（1）个体表现评价。这主要是对每个小组成员的学习表现进行评价，包括参与度（参与发言讨论的频率）、贡献度（能否提供有价值的观点、建议）、沟通效果（能否清晰地表达观点）、团队精神（是否关心并帮助他人）等。

（2）小组协作评价。这主要是对整个小组的合作学习表现进行评价，包括协作能力（相互沟通和协调的能力）、组织能力（任务分配的合理性）等。

（3）合作学习的成果评价。这主要是对小组合作学习所完成的任务和产生的成果进行评价，包括任务完成度、合作成果等。

（4）自我评价和互评。这是小组合作学习中重要的评价方式。自我评价是每个小组成员对自己的表现进行评价，互评是小组成员对其他组员的表现进行评价。这有助于加深小组成员对自己和他人的认识和理解，并在此基础上进行自我改造和协同学习。

（5）教师评价。教师评价是小组评价的关键。教师评价包括寻找学生的闪光点，用激励性的语言或小红花、小礼物等多种手段进行评价，以及根据组员的表现进行加分等。

陶继新 需要说明的是，生本课堂的外延不止于自主学习和合作互助，还有课前预习、交流展示、检测反馈和课后拓展等环节。每一个环节都能起到激发学生学习积极性的作用，引导学生抵达高效学习的境界。

2. 多元课程

陶继新 课程是学校的产品，是学校的核心竞争力。课程的质量优劣、丰富与否，决定着学生的发展走向。丰富多元的课程，是学生个性化发展的载体，不但能为学生的成长提供科学的依据与具体的途径，而且能创设一个宏阔的文本学习与生活实践的天地。从这个意义上说，多元丰富的课程，不仅为学生当下的高效学习与优质成长提供了可能，还为其未来乃至一生的发展奠定了基础。

樊兴举　关于课程改革，顾先生认为："课程改革的核心是以学生为中心，关注学生的全面发展。"他提出："课程内容应减少陈旧知识，增加与现代科技、社会、文化发展相关的新知识，通过丰富多彩的课堂来满足学生的全面发展。"为保证课程改革的顺利进行，顾先生强调必须配套"多元评价体系改革"。

陶继新　孔子当年教学的时候，就有着多元丰富的课程：一是文本课程"六经"——《诗》《书》《礼》《易》《乐》《春秋》；二是实践课程"六艺"——礼、乐、射、御、书、数。正是因为有了这些好的课程，才有了弟子三千、贤者七十二的蔚为大观。

顾先生在《核心素养：课程改革的原动力》（载《人民教育》2015 年第 13 期）中谈到，为发展学生的核心素养，在基础教育学校就要很好地进行课程改革，让多元丰富的课程滋养学生的生命。

真正优质的学校，几乎无一例外地在课程构建上"大动干戈"，为各类学生各美其美、多元发展提供了可能。

樊兴举　顾先生认为，丰富多彩的课程资源是实现因材施教的关键，课程需要在真实情境中实践，才能深化知识的应用。

陶行知先生在民国时期丰富课程的做法，仍可为今日借鉴。

（1）晓庄试验乡村师范学校：劳动课程与生活课程、社会课程结合。劳动课程，让学生参与种田、养鸡、木工等劳动实践，将劳动与学习结合，强调“在劳力上劳心”。生活课程，内容围绕乡村生活需求设计，如农业技术、卫生知识、合作社经营等，培养解决实际问题的能力。社会课程，主要是组织学生深入农村调研，了解农民生活。该课程设计打破了传统教育脱离生活的弊端，使课程贴近学生实际。

（2）山海工学团：生产与学习的综合课程。实施工学结合，课程包括纺织、木工、园艺等生产技能，同时学习文化知识（识字、算数）。年长学生担任“小先生”，向其他学生或农民传授知识，形成自主互助的课程体系。组织抗日宣传、卫生运动等社会活动，让学生在社会中体验成长。该课程设计及教育模式，遵循了“生活即教育”“社会即学校”教育理念。

（3）重庆育才学校：艺术教育与学科融合。以艺术课程为核心，设立文学、戏剧、音乐、绘画等艺术学科，注重培养学生的创造力和审美能力；采取学科交叉方式，将科学、历史、地理等学科与艺术结合。该课程设计通过学科融合激发了学生潜能，打破了学科界限，利于培养全面发展的创新人才。

陶继新 聊城市东昌府区英特学校在开齐开足国家课程及地方课程的基础上，又开发了让学生各取所需的校本课程、班本课程和家本课程。仅校本课程，就有必学课程和选学课程。

必学校本课程，主要分为文化类课程和艺体类课程。

文化类课程主要包括经典诵读、英语口语、播音主持、口算、书法等。这些课程不仅提升了孩子们的记忆力、思维能力和语言能力，还增强了他们的人际交往能力，以及超越自我的自信心与自豪感。

艺体类课程主要包括葫芦丝、跳绳、踢毽子、篮球等。学校要求学生人人会吹葫芦丝，毕业时至少熟练吹奏12首曲目。跳绳、踢毽子和篮球不但是学生必备的体育技能，而且实行考级制度，大大激发了学生锻炼的兴趣。

英特学校还开设了深受学生欢迎又独具特色的体艺大课间课程。上午大课间半小时，学校统一安排活动。下午大课间半小时，学生自由选择喜爱的艺体类项目。每天一个小时的大课间活动，让体育与艺术“比翼齐飞”，孩子们既练就健康的体魄，又培养出积极向上的精神状态。

顾先生说：“学校教育不能只盯着书本知识，练就一身好体魄是学习的前提。在体育锻炼中要培养学生坚韧、友善、合作、民主、竞争等价值观。”

英特学校的选学校本课程是以社团的形式开展的。迄今为止，学校已开设了40多个社团。音乐类有钢琴、架子鼓等，美术类有沙画、国画等，体育类有乒乓球、足球等，还有“物联网+STEAM”创客、电脑编程等社团。

学校将选学校本课程纳入每天下午4点半放学后的课后服务范畴。由于学生爱好和特长不同，全部实行走班制。孩子们在社团指导教师的带领下，到达各自活动场所进行选学课程的学习。参加选学课程的学生，人人都展示出属于自己的精彩。

多元丰富的课程，让学生们的学科成绩不降反升，更重要的是，让孩子拥有了快乐的童年和美好的发展前景。

学校开设的多维课程“超市”，则为孩子们提供了施展才能的广阔天地。在多维课程“超市”里，慧思善讲、科创未来、硬笔书法、软笔书法、绘画、版画、跳蚤市场、多彩益智、曲苑杂坛等课程琳琅满目。

在“慧思善讲”展示中，学生俨然成了才高八斗的“数学小讲师”，面前放着一张桌子，桌子上放着一本数学课本和一块小黑板。参观的人们走近，“小讲师”就面带微笑，请来宾从整本书上任意选题，随即思路清晰地进行讲解。有的数学教师故意从书中找出难题，试图将学生一军。不料他们出奇制胜，让数学教师佩服不已。在“曲苑杂坛”活动中，学生身穿长袍，手持快板，声情并茂地表演着。

“超市”展示的背后，是孩子们深耕的功夫。孩子们巨大的生命潜能和创造力，通过丰富多彩的课程得到了释放与提升。

樊兴举 美国教育家杜威说：“如果我们仍用昨天的教育培养今天的孩子，那等于抹杀了他们的明天。”以下是多元课程在不同学校中的典型案例，涵盖了科技、文化、体育、艺术等多个领域。

（1）南京市江宁科学园小学的科技特色课程。该校以“科技特色品牌”为办学追求，创建了以机器人项目为主体，航模、计算机为两翼的科学特色文化，开发了“小小工程师”“我与机器人交朋友”“创意电子设计”“仿生机器人”等校本课程，学生在全国乃至国际竞赛中屡获佳绩。

（2）郑州市金水区文化路第一小学的“乐享课程”。该校构建了“乐享课程”体系，涵盖语言、数学、科学、艺术、德育等领域，共47门自选课程，如书香语文、智趣数学、航模、巧手工坊等。该校采用“每周五下午走班模式”，学生可根据兴趣选择课程，培养创新能力和团队协作精神。

（3）南平市顺昌县实验小学的乡土文化课程。该校结合当地特色文化，开发了茶艺、大圣武术、油彩石画等课程，并聘请非遗传承人教授竹木工艺画。采用“1+1+1”（作业辅导＋兴趣拓展＋素养培养）多元课程体系，增强课后服务吸引力，学生参与率达94.5%。

（4）南通市城中小学的课后服务课程。该校设计“四梁八柱”课程架构，包括艺术类、科创类、劳技类等，并与博物馆合作开发馆校共建课程。采用“双师课堂”模式，由专业教练、非遗传承人和学校教师结对授课，提升学生实践能力。

（5）珠海市壮志学校的兴趣拓展课程。该校为五、六年级学生提供钢琴、3D编程、奥数、葫芦丝、航模、象棋、武术、田径等课程，拓展学生兴趣，促进学生个性化发展。

陶继新 需要说明的是，老师、学生不仅是课程的使用者，还是课程的设计者、修正者、创造者，有的时候，课程开发还会扩展到家庭与社会。另外，要把国家课程校本化，把地方课程校本化。在这个过程中，形成一种群体的思维共识，将课程设计及实施升华到文化的高度。

樊兴举 顾先生指出：“课程改革说大一点，就是人才培养模式的改革。”课程改革及校本化的核心在于：一是国家课程的高质量实施，如湖南株洲白鹤学校的“一体两翼”模式；二是校本课程的特色开发，如广西南宁四十二中的实践类课程；三是课堂教学方式的创新，如渝北实验中学的生命课程；四是人工智能对教师专业成长的支持，如深圳宝安中学的校本教研体系；五是跨学科与综合实践的探索，如连云港市孔望山小学的“语文＋音乐”教学。

3. 因材施教

陶继新 “因材施教”是由朱熹所说的“孔子教人，各因其材”八个字归纳而来的。“因材施教”确是孔子最重要的教学方法。孔子正是采用这种方法，对性格、智力、兴趣、能力和心理等各不相同的弟子们进行了有的放矢的教育，从而使他们都有了很好的发展。

孔子有“弟子三千”“贤者七十有二”，但他们并非一律以知识见长，而是以其不同“行当”风采卓然。“德行：颜渊、闵子骞、冉伯牛、仲弓。言语：宰我、子贡。政事：冉有、季路。文学：子游、子夏。”之所以出现人才璀璨夺目的景观，是因为孔子采用了因材施教的策略。在孔子看来，人各不同，培养的路径也不尽相同。

顾先生对因材施教深有研究，也多有论述。比如他说：“因材施教、适合每个学生发展的教育，才是最公平的教育。”孩子生而有异，即使学习成绩不佳，其他方面未必不好。既然如此，教师就要因材施教，让学生们扬长避短，走向成功。

樊兴举 孔子既是“因材施教”的第一个提倡者，也是最早的实践者。学生子路和冉有向他请教同一个问题，他却给出了两个相反的答案，用行动回答了什么是因材施教。

有一次，子路向孔子请教：“先生，如果我听到一种正确的主张，可以立刻去做吗？”孔子看了子路一眼，慢条斯理地说：“总要问一下你父亲和兄长吧，怎么能听到就去做呢？”子路刚出去，另一个学生冉有悄悄走到孔子面前，恭敬地问：“先生，我要是听到正确的主张应该立刻去做吗？”孔子马上回答：“对，应该立刻施行。”冉有走后，公西华奇怪地问：“先生，一样的问题你的回答怎么相反呢？”孔子笑了笑说：“冉有性格谦逊，办事犹豫不决，所以我鼓励他临事果断。子路逞强好胜，办事不周全，所以我就劝他遇事多听取别人意见，三思而行。”

颜渊、仲弓和司马牛三人“问仁”，孔子给出了三种答案，因为三人“材”不同，这就是因材施教。

陶继新 潍坊（上海）新纪元学校的周远生校长，是因材施教的一个典型代表。周校长对顾先生敬仰有加，是其思想的积极践行者。比如顾先生说：“天才的培养要顺其天性，慢慢发现其兴趣爱好和能力，加以特殊的培养。”

周远生校长的特殊培养，堪称精妙绝伦。周校长发现高一学生刘哲宁对无人机很感兴趣，就专门为他提供了工作室，及时开发了无人机课程，还组建了导师团。其首席导师即西门子公司高级工程师郑维明博士。刘哲宁同学在大师指点下，边学边做，卓有成效。在 2016 年 4 月举办的第 31 届山东省青少年科技创新大赛中，他自行研发的“基于超声波的多旋翼无人机自动避障系统”，以创新性突出、科技含量高赢得评委高度评价，获得一等奖。他成为全球首个将超声波模块实际应用于无人机自动避障的开发者。他研发的无人机可以 4 个方向自动避障，飞行速度可达 16 米 / 秒，固定翼续航时间可达 5 小时，多旋翼续航时间可达 2 小时。可谁能想到，刘哲宁在中考时成绩非常一般，离重点高中录取线有一段不小的距离，甚至被人视为“差生”。

王子豪是一名考试成绩并不好的理科生，可他酷爱小说。学校为他专门提供“零创文化”办公室。他感恩学校，写出了300多万字的东方玄幻小说《泪殇》，已由中信出版社出版。

像刘哲宁和王子豪这样成绩一般的学生，周校长发现了他们特殊的天赋，并因材施教，助推他们脱颖而出。

潍坊（上海）新纪元学校各个学科都有一批成绩出类拔萃的同学，学校同样为他们提供了走向更高境界的舞台。比如高一的刘芳鸣同学，在初中就曾多次在国家级英语比赛中获奖。来到新纪元学校后，学校帮助她组建了西方经典诵读社团，并提供了大量英语经典书籍，同时安排优秀英语教师做她的导师。当哈佛大学教师代表应邀访问该校时，学校特意安排她担任翻译，其出色的表现赢得客人的称赞。

因材施教让智力不一、才思各异、特长不同的孩子有了驰骋的天地，进而才有了成人成才的可能。

顾先生说，就拿思维品质来说，有的人逻辑思维比较强，有的人形象思维比较好，有的人思维敏捷，有的人思维迟缓，有的人思维开阔，有的人喜欢钻牛角尖，各有不同。如果用一种模式、一种标准去培养学生，很难取得圆满的效果。

实践证明，教育只有遵循儿童身心发展规律，根据不同儿童的特点、特长、爱好来因材施教，才能取得良好的教育成效。

樊兴举　2020年1月，北京师范大学出版社出版的《周远生与差异化教育》，比较详细地介绍了周远生的差异化教育理论与实践，在全国教育界引起了较大反响。

周远生的差异化教育，坚持以因材施教和“学生是教育的主体”为指导，确立“只有差异，没有差生”的学生观，核心内容为“尊重差异，提供选择，开发潜能，多元发展”，从培养学生的“学习自觉，行为自律，生活自理，个性自主”良好行为习惯出发，形成每个学生的差异化发展档案，制定差异化培养方案。

各种兴趣班、专业班，课程最多时达 168 种。学生完全根据个性差异，自选套餐，选课走班。在民办高中生源较差的情况下，该校本科升学率多年高达 85%，每年进入“双一流”高校的特长生有 100 余人。

4. 发掘潜能

陶继新 我讲一个真实的故事，也许对大家有所启示——

放学后，一个孩子蹦蹦跳跳地回到家里，郑重其事地把一封信交给母亲：“这封信老师只让妈妈一个人看！”

母亲困惑不解地接过信，看着看着，竟然泪流满面。孩子非常惊讶地问道：“妈妈，老师说了什么啊？”母亲擦干眼泪，很高兴地说：“老师告诉我：‘你的孩子是个天才，我们这个学校太小了，没有人能教得了他，您还是另请高明吧。’”

这个孩子听后，异常高兴。从此，母亲成为他的老师。

多年之后，这个孩子发明了留声机、摄影机、电灯等，拥有专利一千多项。

他便是举世闻名的科学家爱迪生。

母亲去世后，爱迪生整理母亲的遗物，偶然发现了当年的那封信。他十分好奇地打开，只见上面写着：“夫人，您的孩子有智力障碍，不能留在学校了，请理解我们的爱莫能助。”

看到这儿，爱迪生泪流满面。他提笔写下这样一句话：“爱迪生是个有智力障碍的孩子，是伟大的母亲把他变成了一个天才。”

樊兴举 爱迪生被学校视为有智障，却因母亲的坚守，最后成为“电灯之父”“世界发明大王”。我由此想起陶行知的一句名言：“你的教鞭下有瓦特，你的冷眼里有牛顿，你的讥笑中有爱迪生。你别忙着把他们赶走，你可不要等到坐火轮、点电灯、学微积分，才认识他们是你当年的小学生。”在我们的家长、校长和老师放弃的学生中，有多少被错弃的栋梁之材啊！

陶继新 其实，任何学生，包括所谓的学困生和问题学生，都有着巨大的发展潜能。恰如孟子所言：“人皆可以为尧舜。”孟子所说的人，当然也包括成绩较差的学生。其实，他们本来就有着巨大的发展潜能，只是没有被激发出来，甚至被严重压抑了。

如果我们的学校和老师们能给予学生积极的引导，为他们注入积极的能量，帮其树立“我有潜力”“我能行”的信念，学生收到这样的心理暗示，就能渐渐地获得自信，真的“我能行”了。沉睡了的潜能慢慢觉醒，他们的生命会勃发出盎然生机，整个生命样态都会为之焕然一新。

樊兴举 孟子的“人皆可以为尧舜”、陶行知的“爱满天下”、顾先生的“没有爱就没有教育”、蔡林森的“从最后一名学生抓起”的教育信仰，植根于我的教育灵魂，对学生永不言弃成为我的最高追求。在 40 年的班主任、校长、教育局局长生涯中，“开除学生”一词与我无缘。我被领导、下属称为学生的“保护伞”。

2005 年的一天晚上，一个学生家长哭着到校长室找我。原来是她女儿吸烟、喝酒、打架多次，被政教处开除了。她一气之下撕了布告找我讨说法，政教主任也气得跑来找我说理。我当时认为，如果开除了，这母女俩就绝望了。我耐心在当中调和，最后改为留校察看，结果这女孩考上了重庆师范大学，现在母女很幸福。

2018—2021 年我任枣庄三中校长期间，36 名被诊断为抑郁症的学生，被迫休学在家。通过我和我的“心育团队”的爱心帮助，两年内有 32 人丢掉药物，考上大学。

陶继新 还是顾先生说得好：“怎样理解教育公平？教育公平有入学机会的公平、教育过程的公平，而最终的公平应该是使每个儿童的潜在能力得到充分的发展，都能获得教育的成功。”

樊兴举 地区间及校际教育的公平与均衡一直是顾先生所关注的。我就是在顾先生多年关注培养下成长起来的。

2006 年 10 月，我第一次从普通高中校长走上山东省枣庄市台儿庄区政府党组成员、教育局局长岗位。当时，小学学生流失率在 15% 以上，初中到了中考时剩下的学生不到 30%，控辍保学成为第一要务。

在深入调研的基础上，一方面，我全力争取区、镇两级的高度重视，投入 10 余亿元、考选在编教师 1200 多人，提高乡村教师待遇，改善办学条件。另一方面，我认真践行顾先生教育思想，推广蔡林森校长“从最后一名学生抓起，没有教不好的学生”的成功经验。全区1—9年级，从倒数30%抓起，每学期进行质量监测，作为考核校长和老师的主要依据。在教育教学管理上，实施城乡一体化办学和集团联动，全区优质教案、学案一体化，尊重差异，发掘潜能，补齐短板。

十年磨一剑。我第二次做教育局局长的2016年，全区义务教育段学生质量监测消灭了不及格，中考合格率已持续五年居全市第一，小学保学率接近100%，初中达98.5%。同年，通过全国义务教育基本均衡县验收，并与淄博市博山区并列山东省第一，后来又在枣庄市率先通过国家优质均衡县验收。2016年，山东省教育厅、中国教育报刊社联合召开"生态教育台儿庄现场会"，顾先生到会视察并多次题词——"教育理想国""台儿庄生态教育""办好每一所学校，成就每一位教师，教好每一个学生，幸福每一个家庭""一个基层教育局局长的教育梦"，持续勉励我在践行"明远四句"中砥砺前行。

陶继新　教育部"国培计划"名校长领航班成员、河北省衡水市第十三中学校长白祥友实施的"激爆潜能"，让顾先生期望的"都能获得教育的成功"变成了现实。

2012年2月9日白祥友走马上任衡水十三中校长的时候，生源情况很不理想。学校有1000个招生计划指标，可报名者只有400人。市区学生不愿意来上学，只好到农村去招生。十来个老师坐一辆面包车，每到一村便放两个老师，去动员学生家长，让他们的孩子来十三中上学。中午没地方吃饭，老师们只好带着火腿肠和方便面蹲在村头"野餐"。即便如此，也只招收了300人，离招生指标还差300人。尽管近几年生源质量有了不小提升，但依然不理想。

白祥友校长认为，学生中考成绩低，这只是暂时的落后，不能由此给他们贴上差生的标签，其实每个学生都蕴藏着巨大的潜能。学校要探寻学生中考成绩差的原因，把阻碍其发展的结解开，解放其生命。解放生命，教师有着舍我其谁的责任担当。只有教师相信学生具有潜能，才能解开束缚学生发展的绳索，才能激爆学生的潜能。

他到十三中就任校长时，距离高考只有110多天，几乎所有的人都认为，这些学生在高考中一定难以胜出。可是，激爆学生的潜能之后，却取得大大超过预期的高考成绩。所以，如果每时每刻都去激爆学生潜能的话，他们就会持续不断地发展和超越。

樊兴举 西南联大是中国近代史上的教育传奇。在抗战烽火中的1937年，该校由北京大学、清华大学、南开大学南迁合并而成。

国立西南联合大学校门

在极其艰苦的环境下，培养了 2 位诺贝尔奖得主、8 位“两弹一星”元勋、170 余位院士及众多的人文大师。其成功经验的关键，就是对学生潜能的深度发掘和个性化培养。

一是不拘一格，允许“偏才”野蛮生长。西南联大倡导“通才教育”，但更尊重学生的独特性。作家汪曾祺报考联大时，数学考了零分，但国文满分。联大录取了他，并允许他在中文系自由创作。他曾逃课泡茶馆写作。教授朱自清、沈从文不仅未苛责，反而鼓励他“从生活中找灵感”。杨振宁初入联大时，选择化学系，但他很快发现，自己对物理更有天赋，便果断转系。导师吴大猷鼓励他“跳出公式，思考本质”，甚至允许他跳过常规课程，直接参与前沿研究，这为他日后获得诺贝尔奖奠定了基础。

二是名师点化，用个性点燃个性。西南联大的老师们不仅传授知识，更善于激发学生自主创新的内在动力。闻一多讲授《楚辞》时，常带领学生到昆明郊外，边徒步边讲解屈原的诗句与自然的关系。学生回忆：“闻一多先生让我们明白，学问不是死读的，而是与天地对话。”华罗庚只有初中学历，却被熊庆来教授力荐入清华，后随联大南迁。在昆明，他白天授课，夜晚在牛棚研究数学，完成轰动国际的数论成果。

三是学术自由，鼓励学生探索多元领域。李政道在联大，同时选修物理和哲学。物理学家吴大猷和哲学家冯友兰的思维碰撞，让他形成了独特的哲学科学观。李政道曾说：“物理研究宇宙规律，哲学追问规律为何存在——这种思考方式影响了我的一切。”何泽慧是学物理的，因目睹日军暴行，毅然选择军工方向，成为“中国的居里夫人”。联大允许学生自由转系，支持她以女性身份进入传统男性领域，最终她参与发现铀核裂变现象，成就卓然。

四是逆境中的潜能激发，苦难成为养分。联大师生在轰炸、饥饿中坚持治学，困境反而磨砺出惊人的创造力。哲学系学生殷海光回忆，金岳霖教授在防空洞里和他讨论休谟，炸弹声与辩论声交织，“生死之间，思想更纯粹”。物理系缺乏实验设备，学生用香烟罐制作电容器，用风筝线代替电线。吴大猷曾用破车零件儿拼出一台光谱仪，带领学生完成原子光谱研究。这种“土法科研”培养了学生极强的实践能力。

五是学生自治，营造自我探索的土壤。联大赋予学生高度自主权，鼓励社团、辩论、办刊，学生在实践中成长。

西南联大教育奇迹的核心在于“潜能发掘”。其密码有三：一是尊重个性，不设标准答案，鼓励“离经叛道”。二是师生共生。大师以人格魅力感染学生，而非灌输知识。三是自由土壤。乱世中的学术纯粹性，让思想无畏生长。正如校长梅贻琦所言：“所谓大学者，非谓有大楼之谓也，有大师之谓也。”而大师的存在，正是为了唤醒每一个沉睡的巨人。

西南联大发掘潜能的密码，更值得今天的我们深思。

陶继新 西南联大的教育经验值得我们借鉴。如果为师者认为学生有着巨大潜能，且能持续不断地予以激发和开掘，则学生会取得常人想象不到的成绩。

可现在有些学校的领导和教师会在有形和无形中向学困生传达一种“你不行”甚至“你是学渣”的消极心理暗示，天长日久，学生也就真的认为自己前途无望了。

樊兴举 针对教育不公平、不均衡尤其是薄弱学校歧视甚至放

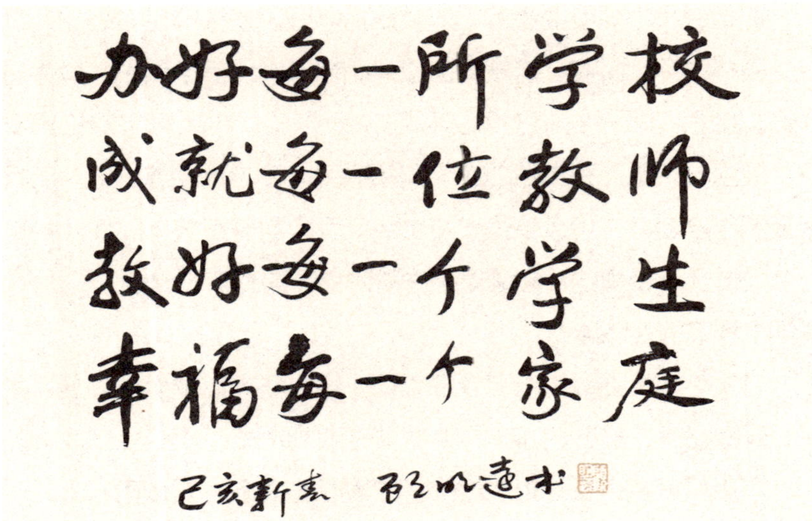

弃所谓“学渣”“朽木”等错误现象，顾先生要求：“办好每一所学校，成就每一位教师，教好每一个学生，幸福每一个家庭。”他反复强调要为每一个孩子打好三个基础：“打好学生身心健康成长的基础，打好学生终身学习的基础，打好学生走向社会的基础。”

青岛平度市郭庄中学采取“5211”授课模式和师生“一对一”帮扶育人责任制，实行分层走班教学，确保教好每一个学生。一年甩掉落后的帽子，走在了全市的前列。南京市组建跨区教研联盟，实现了区域教育的优质均衡发展。

第三章

教书育人在细微处

一、润物无声

1. 幼芽脆弱

陶继新　儿童心理学家皮亚杰指出，7—12 岁儿童正处于具体运算阶段，他们的认知建构如同易折的嫩芽。有这样一个案例——某校教师通过设计“成长温度计”，每天记录学生情绪变化情况，其间，发现一个总是撕毁作业本的男孩，实则是因视觉空间障碍导致书写困难。这种基于细微观察的教育干预，避免了“问题学生”标签的粗暴粘贴。

在“中国教育三十人论坛”上，顾先生所言与皮亚杰之论有着异曲同工之妙。他如是说：“学生感情是非常丰富的，而且越是低年级的学生，他们的感情越是丰富，同时又很脆弱，所以往往教师一言一行、一举一动都会影响到学生。教师的一句表扬会使学生受到鼓舞，学生会记住一辈子；教师无意中伤人的一句话，学生也会记住一辈子。”

樊兴举　顾先生还说过：“儿童的感情是脆弱的，需要老师细心观察、细心呵护。有时候老师不经意的活动会伤害儿童的感情。”苏霍姆林斯基也曾说，他对小学一年级的学生，第一学期不给学生打分，不打不及格的分，就是为了不伤害儿童的自尊心、自信心。

陶继新 2024年12月15日我在顾先生家中采访时，他就谈过一个真实而又发人深思的故事——

有一天，我的学生告诉我一个故事。她第一天送女儿上幼儿园，一进幼儿园的门，就看见一群孩子围着一位较为年长的老师，有的孩子拉着老师的手，有的孩子抱着老师的腿，有的揪着老师的衣服，和老师亲热。她的孩子也想去和老师亲热，但挤不进去。忽然看见一位年轻老师走过来，她的孩子就扑过去，但这位老师没有理会就走过去了，孩子伤心得不得了，回家说："我再也不去幼儿园了！"

由此顾先生又进行了鞭辟入里的分析："这个故事说明儿童的感情是很敏感的，也是很脆弱的。那位老师可能是无意的，没有理解儿童当时的行为，随便走过去了，却没有想到这无意的行为伤了儿童的心。因此，我说，老师特别是幼儿园、小学老师，在教育孩子时要注意细枝末节。儿童犹如嫩芽，碰伤了就不易生长。父母也好，老师也好，要注意呵护他们，要了解儿童的想法。"

要想了解儿童的想法，就要真正走进儿童的心理世界，为此，教师和家长应当好好学习儿童心理学，了解和研究孩子的心理。同时，要向有经验的教师和会教育孩子的家长学习，并在实践中不断地总结经验教训，从而形成切实可行的了解儿童和教育儿童的"法宝"。诚如是，小孩子这棵稚嫩的幼芽不但不会折断，反而会越长越硬。

樊兴举 顾先生写过一本书叫《站在孩子的视角谈教育》，强调孩子幼小、心理敏感脆弱，家长老师不要用成人的标准要求孩子，而要站在孩子的视角处理孩子的问题。陶行知处理一个学生打碎玻璃的故事就是一个很好的例子——

有一次，陶行知在校园里看到一个小男孩在哭泣。他走过去询问原因，小男孩告诉他自己不小心把教室的玻璃打碎了，害怕被老师责罚。陶行知没有直接批评孩子，而是蹲下来，轻声问他："你知道玻璃碎了会有什么后果吗？"小男孩点点头说："会伤到人，也会让教室变冷。"陶行知接着问："那你觉得应该怎么办呢？"小男孩想了想，说："我应该告诉老师，并且帮忙打扫干净。"

陶行知微笑着摸了摸孩子的头，说："你说得很对。犯错不可怕，重要的是知道怎么改正。"随后，他陪着小男孩一起去找老师，主动承认错误，并帮忙清理了碎玻璃。

这个故事体现了陶行知对儿童敏感心理的深刻理解。他认为，孩子的心灵非常脆弱和敏感，在教育孩子时，应该以尊重和关爱为前提，而不是简单地批评或惩罚。通过引导孩子思考问题的后果，并鼓励他们主动承担责任，可以帮助孩子排除脆弱恐惧的心理并形成正确的价值观和行为习惯。

陶行知的教育思想强调，教育不仅仅是知识的传授，更是对儿童脆弱心灵的呵护和引导。顾先生一贯主张学生是教育的主体，教育者要站在孩子的视角，理解学生的感受，尊重学生的想法，这样才能真正帮助孩子健康成长。

陶继新 顾先生还谈到了一个被大多数家长忽略的问题。休息日的时候，家长带着孩子到公园去玩，家长认为两三岁的孩子已经会走路了，所以，出发之前就告诉孩子："出门要自己走，不能让爸爸妈妈抱，因为你长大了，会走路了。”孩子随即爽快地答应了。可是，到了公园，孩子又要让家长抱着。有的人也许认为孩子是言而无信，可顾先生却说：“两三岁的孩子身高不到一米，你不抱他，他能看见什么？只能看见大人的腿。他要大人抱，不是走不动，不是不愿走，而是看不到有趣的东西，抱起来，视野开阔，才能看到许多风景。”

可是，有的家长却坚持不抱孩子，而且美其名曰要让孩子懂得什么是“言必信，行必果”的道理，且说可以通过行走锻炼孩子的身体。结果呢，孩子感到非常委屈，甚至此后再也不想去公园等处游览了，于是，这棵本来对大自然等很感兴趣的脆弱的幼芽，就被爱孩子的家长无意间斩断了。

樊兴举　家长在公园里之所以让孩子自己走，导致孩子什么都看不到，弄得孩子不开心，主要原因是家长没注意教育细节，不懂得孩子的成长规律和科学育儿方法，犯了主观主义和灌输的错误。这种案例有很多，一年级小明同学被强制上多个辅导班的故事很有普遍性——

小明是一名 6 岁的男孩，正在上幼儿园大班。他的父母非常重视对他的教育，希望他能在各方面都表现出色。然而，最近小明在学习和行为上出现了一些问题，父母感到困惑和焦虑。一是学习压力大，孩子疲于应付。父母给小明报了多个课外班，包括英语、数学、钢琴和游泳。小明每天的时间被安排得满满当当，几乎没有自由玩耍的时间。二是情绪波动，经常烦躁，有时小明甚至会无缘无故地哭闹。三是注意力不集中。在课堂上，小明经常走神，无法集中注意力完成任务。究其原因，就是家长不懂“幼芽脆弱，不堪重负”的道理，造成了适得其反的结果。一是不合理的过度安排。小明的父母过于急切地希望他在各方面都表现出色，却忽略了这个年龄段的孩子，需要用充足的自由玩耍时间来发展社交技能和创造力。二是情绪管理不到位。由于学习压力大，小明没有足够的时间来放松和表达自己的情感，导致情绪波动，家长不明白是强制所致。三是幼儿的注意力问题。6 岁的孩子注意力持续时间有限，过度的学习任务和缺乏休息时间导致小明无法集中注意力。

在专家指导下，父母决定：一是减少小明的课外班数量，只保留他真正感兴趣的项目，如钢琴和游泳。这样小明有更多的时间自由玩耍和休息。二是增加自由时间。每天安排充足的自由玩耍时间，让小明可以自主选择活动，如画画、搭积木或与朋友玩耍。三是情绪支持。父母每天花时间与小明交流，了解他的感受和想法，帮助他表达和管理情绪。四是合理安排学习时间。将学习时间分成短时间段，每次不超过 20 分钟，中间穿插休息和活动时间，以保持小明的注意力。

通过科学的调整，小明的情绪逐渐稳定，不再频繁哭闹，变得更加开朗和自信，能够更好地集中注意力，完成任务的质量也有所提高。他在钢琴和游泳方面表现出浓厚的兴趣，并且在这些活动中取得了进步。

2. 敏感叛逆

陶继新 不少从小对父母唯命是从的乖孩子，到了青春期却发生了天翻地覆的变化，不但不听父母之言，而且有时还公开对抗。

有的一向心无旁骛专注于学习的孩子，这个时期却在学习的时候心猿意马，有的陷入网络游戏之中不能自拔，更有甚者，徜徉在早恋的“爱河”里而不知归路。而出现各种极端行为，也已不是特殊的新闻。对此，父母想尽了千方百计，却见效甚微，为“不知路在何方”而苦不堪言。

那么，孩子青春期叛逆心理和行为形成的根源到底在哪里，又如何比较有效地破解这个难解的“方程”，就成了家长们迫切需要解决的问题。

孩子小时候，凡事都听父母和老师的，在家是个好孩子，在校是个好学生。到了青春期，则有了不少自己的想法。可在旧有的家庭模式中，这种自主意识是不被认可，更不被欣赏的。于是，孩子与父母之间，自然就会产生冲突和对抗。这会让父母大动肝火，于是，对孩子继续批评甚至惩罚。这个时候，孩子就感到在家里没有了存在感与价值感，只好通过即时满足且刺激的电子游戏，来获取自我价值实现的满足感。只要打开手机，进入游戏天地，就会有人听我的，还可以不断地收获成功的喜悦。于是，无形中“提升”了孩子的存在感和价值感。这个时候，孩子很难再集中精力学习，久而久之，学习成绩每况愈下，让父母大惑不解，一向品学兼优的孩子，何以沦落到如此地步？于是，火冒三丈，对孩子大加斥责，从而形成新的对抗，进一步恶化了亲子关系，让孩子的叛逆再次升级。

樊兴举　顾先生非常关注孩子的叛逆问题，在多种场合提及这个问题。他认为，孩子叛逆是成长过程中的一种正常现象，是孩子自我意识觉醒和个性发展的表现。家长和教师应该正确处理和对待这一现象。

90 后、00 后的孩子较以前的孩子特别叛逆，这已成为家庭学校的一大难题，原因涉及多个方面，以下是一些常见的因素：

一是生理发育提前。由于生活水平的提高，孩子普遍增高，而且性早熟，身体和心理的巨大变化提前，荷尔蒙波动可能导致情绪不稳定和叛逆行为。青春期大脑的前额叶皮层（负责决策和自我控制）尚未完全发育，可能导致冲动和冒险行为。

二是心理因素凸显。孩子在这个阶段开始寻求自我认同和独立，可能会通过叛逆行为来表达自我。自我意识增强，孩子开始形成自己的观点和价值观，可能与父母或权威产生冲突。

三是社会环境巨变。社会竞争激烈、负面事件被频频报道、同伴的不良影响都使青春期脆弱逆反变得更为严重，孩子可能会为了融入不良群体而表现出叛逆行为。社交媒体和网络不良信息的大量冲击，严重影响孩子的行为和价值观，成为加剧叛逆行为的重要因素。

四是不良的家庭因素。家庭关系的不稳定、离异家庭的剧增、夫妻关系紧张、良好家规家风的缺失尤其是家庭教育的溺爱和简单粗暴、父母过高的期望都使孩子感到压抑，从而通过叛逆来进行反抗。

五是教育方式的过度保护或放任。为了安全，家校过度保护或放任的教育方式，可能导致孩子缺乏安全感、责任感和自我约束能力，进而表现出叛逆行为。还有，缺乏理解和支持。如果父母或老师不能理解孩子的感受，满足孩子的需求，孩子可能会感到失落和不满。

六是过重的学业负担和竞争压力。当下教育内卷、排名竞争压力大和课业负担太重，使孩子普遍感到焦虑和压抑。

七是性格特质差异。每个孩子的性格各不相同，有些孩子天生更具反抗性和独立性，更容易表现出叛逆行为。心理健康问题，如焦虑、抑郁等，也可能导致孩子表现出叛逆行为。

正确理解顾先生的观点和这些因素，有助于家长和教育者更好地应对孩子的叛逆行为，采取适当的沟通和支持策略，帮助孩子顺利度过这一阶段。

陶继新 笔者在全国采访过很多学生时代非常优秀且长大之后事业又极其辉煌灿烂者，他们的父母不但特别爱他们，而且爱得很有智慧，从而让孩子天天沐浴在爱河里。需要说明的是，这里所说的爱，并非在物质上给予孩子过分的满足，更多是在精神生活上让孩子丰富多彩。所以，他们在青春期到来的时候，非但没有当下一些孩子的叛逆行为，反而更加卓越，让父母为之骄傲，让老师也欣赏不已。

相反，如果一个孩子在青春期之前得不到他本应得到的爱，就不可能拥有一种坚定而幸福的感觉，进而会错误地采取对抗行为，或者自我放弃，形成一种叛逆的“性格”。

樊兴举 如何积极面对和有效解决孩子青春期逆反问题，顾先生有以下六个观点：

一是正确理解叛逆的本质。顾先生认为，叛逆是孩子成长过程中自我意识增强的表现，是他们认为自己已长大、试图摆脱依赖、寻求独立的一种方式。家长应认识到这是孩子成长的必经阶段，不应故意对抗。

二是要尊重孩子的独立性。家长应尊重孩子的独立性和个性发展，给予他们一定的自主空间。过度的控制和干涉都可能会加剧孩子的叛逆情绪。

三是学会沟通与倾听。顾先生强调，家长应与孩子保持良好的沟通，倾听他们的想法和感受，而不是一味地批评或指责。通过平等的对话，可以减少误解，增进亲子关系。

四是引导而非压制。对于孩子的叛逆行为，家长应以引导为主，而不是通过强制手段进行压制。压制可能会让孩子产生更强的逆反心理，而引导则能帮助孩子学会理性思考和自我管理。

五是给孩子树立榜样。家长应以身作则，为孩子树立良好的榜样。孩子的行为往往受到家长言行的影响，家长的理性和包容会潜移默化地影响孩子的行为方式。

六是关注孩子的心理需求。叛逆行为背后可能隐藏着孩子的情感需求或心理压力。家长应关注孩子的心理健康，及时给予支持和帮助。

总的来说，顾先生认为，孩子的叛逆是成长过程的一部分，家长应以平和的心态面对，通过理解、尊重和引导，帮助孩子顺利度过这一阶段，促进他们的健康成长。

陶继新　青春期叛逆的形成，和整个社会形势也有着一定的关系。现在做父母者多为70后、80后、90后的人，他们做孩子的时候，更多接受的是服从性和集体性的教育，更多强调的是德行教育，而忽略了尊严的教育，忽略了爱的教育，忽略了孩子内在的需求。所以，他们为人父母之后，也自觉不自觉地将自己小时候所受到的家庭教育移植到孩子的身上，而且并不知道自己犯了错误，反而认为孩子出了问题。

对于如何解决青春期孩子叛逆的问题，我曾采访过从2008年到现在进行个案心理咨询服务累计超过1万小时、举办心理公益讲座百场、进行深度采访心理干预帮助3000多个家庭的柏燕谊女士，她建议为人父母者，一定要多读一些如何做父母的书，从中学习解决青春期叛逆问题的知识和方法。同时，也可以借助心理咨询或者家庭教育咨询来完成对自己及其家庭的诊断。更重要的是，要特别重视对孩子的陪伴和尊重。有的父母也许会说，我们长年累月在外地打工，如何陪伴孩子？柏老师告诉他们，不能在孩子身边陪伴，也可以进行精神陪伴。利用空闲时间，打开手机，与孩子进行视频交流，这样，父母之爱就会传递到孩子身上，让他们感到父母异常辛苦，虽远在他乡，却时时挂系着自己，心中就会涌起一股暖流，不但感受到父母之爱，还会感恩父母，从而在心底生成一种积极向上的精神力量。此外，亲子共读也是一种很好的交流方式，选择一些通俗易懂而又对孩子成长有价值的书一起来读，读后再进行交流。好书中不但摇曳着智慧的光芒，也多有真善美在其中款款地流淌。读的时间长了，孩子自然也会沐浴在美好之中，而正是在这个过程中，亲子关系会越来越和谐，爱也就在家长与孩子之间涌动起来。还有，父母在外，一定要记住孩子的生日，届时为孩子发来祝福，让孩子感到异常的温馨。这些虽只是举手之劳，却可以润泽孩子的心田。而长期在这种爱河中游弋的孩子，自然也就有了美好的心理状态，到了青春期的时候，也就不至于出现特别反常的现象。

柏老师也特别提醒家长们，孩子青春叛逆期造成了人格和心理结构上的一些缺损，以及某些精神上的匮乏，渴望在短期内就让孩子走出困境、欢天喜地且热爱学习，那是绝对不现实的。不过，世上无难事，只怕有心人。家长只要下定决心，去为孩子重新营造一个美好的精神世界，就一定能收到理想的效果。

樊兴举 一些家长不懂孩子青春期逆反的本质特点，无法科学有效地应对，而是简单粗暴地用自己当年和成人的标准去干预，结果让问题掉进“代沟”里。在处理孩子早恋的问题上，我采取了“欲纵故擒”之法，反其道而行之，效果很好。

2004年高考前，枣庄一男生的母亲，气势汹汹地去班里闹儿子的“恋人”，弄得两个学生大失脸面，非常抑郁，无心学习。我得知后，就主动找到了这位母亲，做通了工作，两个学生吃了定心丸后全力备考，结果都考上了大学。

2022年，青岛两学生因在电梯里接吻还不接受批评，被政教处开除了。我想开除了这俩孩子，他们的大学梦就破灭了，于是就和政教处沟通，我承诺负责让他们终止早恋，然后把处分改为留校察看。协议达成后，我与双方家长提前沟通了一下，就以领回家结婚为由来吓唬他们看看。于是，双方家长、政教处主任和俩学生参加的见面会正式召开了，我宣布让家长把他们领回家结婚，家长同意后，俩学生同时跪倒在地，苦苦哀求，坚决不同意，表示要恢复正常关系，考上大学再说。我接着宣布处分变为留校察看，并表示他们工作后结婚的话，我将赠送一万元贺礼。后来，两个学生同时考上了理想的大学。事实证明：爱和智慧是化解逆反问题的两把利剑！

3. 见微知著

陶继新 “见微知著”是一个汉语成语，最早出自战国韩非子的《韩非子·说林上》，意思是说见到事情的苗头，就能知道它的实质和发展趋势。

古代就有一个典型的“见微知著”的故事——

箕子是朝歌古代名人，其洞察力之强气节之高为后人称道。商代最后一位君主是帝辛，后人称他为殷纣王。年少时，纣王“资辨捷疾，闻见甚敏；才力过人，手格猛兽”，是一个能文能武很有本领的人。继位后他励精图治，锐意改革，不杀奴隶，发展生产，更新观念，不事鬼神。征服东夷后，疆土扩大，农业发展，财粮增多。但到了统治后期，纣王开始腐败。有一次，纣王让人给自己做了一双象牙筷子，他的大臣太师箕子就感到非常可怕和担心。箕子见微知著，联想了很多，他认为：用象牙筷子吃饭就一定不肯用陶土粗制碗具，必将用犀牛角或玉做成杯盘；餐具改变了，食物也会随之改变，盛的不可能是豆菽青菜，肯定会进一步升级到山珍海味，珍禽异兽将成盘中之物；食物改变了，将不满足穿着，麻布为衣将不再流行，朝中之人进而会穿绫着缎；穿着改了，下一步将造豪华的车子，建高阔殿宇楼台，追求享乐。如此下去将一发不可收，腐败之风会很快盛行起来。有一天，纣王长夜饮宴，不理朝政，竟忘了日期，询问左右，大臣们面面相觑谁也不知，便派人去问箕子。箕子对徒弟说：“君主忘日则天下忘日，不是好兆头，商之天下到了危险关头。一国皆不知而我独知之，我也极其危险了。”令徒弟告诉来者：“太师醉了也不知道。”以后箕子多次进谏，纣王充耳不闻，我行我素，骄傲恣肆，专横跋扈，使箕子非常失望。他装疯卖傻，以避迫害，但仍被纣王囚禁。正如所料，不过5年，商朝就被周武王所灭。

这个“见微知著”的成语故事给我们以重要的启示，告诫我们教师在教育学生的时候，一定要关注细节，诚如老子所说："天下大事，必作于细。"正是由于关注了"细"，才成就了教育的"大事"。

樊兴举 孔子善于"见微知著"——从细微之处发现事物的本质和规律。以下是几个体现孔子"见微知著"的教育故事：

孔子观欹器。孔子在鲁桓公的庙里看到一种叫"欹器"的器具。这种器具空着时会倾斜，装一半水时端正，装满水则会翻倒。孔子通过观察欹器的特性，领悟到"满招损，谦受益"的道理。他告诉弟子："虚则欹，中则正，满则覆。"孔子从细微的物理现象中领悟"满招损，谦受益"的人生哲理。他通过欹器的特性，教导弟子要谦虚谨慎，不可骄傲自满。

孔子观礼。孔子非常重视礼，他认为礼是治国安邦的重要工具。有一次，他通过观察一场祭祀活动，发现了礼的深层意义。孔子发现，礼不仅是形式上的仪式，更是内心诚敬的体现。他通过观察祭祀中的细节，教导弟子要"敬鬼神而远之"，强调内心的真诚比形式更重要。

孔子观学。孔子在教育弟子时，非常注重因材施教。他通过观察弟子的学习状态和性格特点，制定不同的教育方法。例如，孔子发现子路性格急躁，便教导他要学会忍耐；发现颜回勤奋好学，便鼓励他深入思考。孔子通过观察弟子的细微表现，发现了他们的优点和不足，并加以引导。

陶继新 我拜读过发表在2021年第2期《教师教育学报》上的《上好每一堂课，教好每一个学生——顾明远先生教师教育思想专访》这篇文章，其中有一段关于“见微知著”的经典论述：“教育是一项细致入微的工作，教师的言行要慎之又慎。学生不是一潭静止的水，他们的内心时而激动、时而平静。教师对学生要察言观色，发现学生细微的变化，要善于与学生沟通，了解学生的思想动态，才能有的放矢地引导学生。”

上面顾先生所说的“教师对学生要察言观色”等，与夸美纽斯在《大教学论》中强调的教师应具备“观察的艺术”有着异曲同工之妙。

樊兴举 顾先生“教书育人在细微处”的教育思想中蕴含着“见微知著”的智慧。这一理念强调从细微之处洞察本质，通过观察和分析细节来理解更深层次的教育规律和学生发展需求。

一是要关注学生的细微变化。教育者应善于观察学生的细微表现，包括情绪、行为、学习态度等。这些细节往往能反映出学生的心理状态、学习兴趣或潜在问题。例如，一个学生突然变得沉默寡言，可能是遇到了学习困难或人际关系上的困扰。通过及时关注和引导，可以帮助学生解决问题，避免情况恶化。

二是从细节中发现教育规律。教育是一个复杂的过程，但许多教育规律往往隐藏在细节中。顾先生提倡教育者要从小事入手，通过观察和分析学生的日常行为，总结出适合他们的教育方法。例如，学生在课堂上的一次积极发言、一个创新的解题思路，都可能反映出他们的兴趣点和潜能。教育者可以通过这些细节，因材施教，激发学生的创造力。

三是注重教育中的细微实践。教育不仅仅是理论上的传授，更需要在实践中注重细节。例如，教师的一个眼神、一句鼓励的话，都可能对学生产生深远的影响。教育者应从小事做起，关注每一个教育环节，包括课堂设计、作业布置、与学生的互动等，力求做到精益求精。

四是见微知著与因材施教。“见微知著”是实现“因材施教”的重要途径。通过观察学生的细微表现，教育者可以更好地了解每个学生的特点，从而制定个性化的教育方案。例如，有的学生擅长逻辑思维，有的学生则更具艺术天赋。通过细节观察，教育者可以发现学生的独特优势，并加以培养。

五是教育者自身的细微修养。教育者自身也应具备“见微知著”的能力，注重自身的言行举止和修养。教师的每一个细节都可能成为学生模仿的对象，因此教育者应以身作则，为学生树立榜样。例如，教师对学生的耐心、对工作的认真态度，都会潜移默化地影响学生的价值观和行为习惯。

六是见微知著与教育创新。教育创新往往源于对细节的深入观察和思考。通过关注教育实践中的细微问题，可以发现传统教育模式的不足，并提出改进措施。例如，通过观察学生在课堂上的参与度，可以调整教学方式，增加互动环节，从而提高学生的学习兴趣和效率。

陶继新 上海特级教师于漪在语文教学中独创“三维观察法”：不仅关注学生课堂表现，更注重作业本褶皱程度（反映学习态度）、课间活动倾向（体现性格特征）、书包物品摆放（折射生活秩序）。北京师范大学跟踪研究显示，采用“三维观察法”的教师，其学生在阅读理解测试中的得分比对照组高17%。

由此观之，见微知著对于做好教育大事，有着何等重要的意义啊！

樊兴举 历史上有很多关于老师“见微知著”、发现神童的故事，这些故事不仅展现了神童的天赋异禀，还展现了伯乐的慧眼识英才。

孔子与颜回。孔子通过观察颜回的言行举止，发现他不仅聪明过人，而且谦虚谨慎。孔子对颜回极为赞赏，称他为“贤哉，回也！”并多次在弟子面前表扬他。颜回后来成为孔子思想的重要传承者。

张衡是我国东汉时期的天文学家、数学家、发明家，被誉为“科圣”。他小时候就表现出对天文和数学的浓厚兴趣。张衡的老师发现他不仅聪明好学，而且对自然现象充满好奇。例如，张衡经常观察星空，并提出许多问题。老师通过他的提问和思考，发现了他在科学方面的天赋。老师鼓励张衡深入学习天文和数学，并为他提供了相关的书籍和指导。张衡后来发明了地动仪，为中国古代科学做出了巨大贡献。

高斯是德国著名的数学家，被誉为“数学王子”。他自幼就展现出惊人的数学天赋。高斯的小学老师曾让学生们计算从 1 加到 100 的和。其他学生还在埋头计算时，高斯很快就得出了正确答案。他通过观察数字规律，发现 1+100=101，2+99=101……共有 50 对 101，因此总和为 5050。

莫扎特是奥地利著名的音乐神童，他从小就展现出非凡的音乐才能。莫扎特的父亲是一位音乐家，他发现了儿子对音乐的敏感和天赋。例如，莫扎特在 3 岁时就能弹奏钢琴，5 岁时就能作曲。他的音乐老师通过观察他的演奏和创作，确认了他的天才能力，为他提供了系统的音乐教育，并带他到欧洲各地演出。莫扎特后来成为古典音乐史上最伟大的作曲家之一。

牛顿的老师发现他不仅学习成绩优异，而且善于动手实践。例如，牛顿曾制作风车模型和水钟，展现了他的创造力和动手能力。老师鼓励牛顿深入学习科学和数学，并为他提供了相关的书籍和实验器材。牛顿仔细观察苹果落地的细节，发现了万有引力定律，为近代物理学奠定了基础。

陶行知在乡村教育实践中，发现一些孩子虽然年纪小，但学习能力强，且善于表达。他就让这些孩子担任“小先生”，教其他孩子学习。

二、细微缺失

1. 粗心大意

陶继新 “粗心大意”与顾先生所倡导的“教书育人在细微处”是背道而驰的，也是在教书育人中往往被人忽略的问题。

比如有的学生在做题的时候，往往由于粗心大意而做错。对此，有的教师和家长认为孩子已经学会了，只是有些粗心而已。可是，一次两次做题粗心而丢分尚且情有可原的话，屡犯同等的错误就有问题了，甚至是有了比较大的问题。如果不纠正这种粗心大意的毛病，久而久之，就会形成一种但凡做任何事情都草率马虎的习惯，乃至在其他很多方面也由于粗心大意而出现错误。一旦有了“大意失荆州”的大错，就无法原谅与挽回了。

樊兴举 《道德经》云：“天下难事，必作于易；天下大事，必作于细。”《韩非子》又云：“千丈之堤，以蝼蚁之穴溃；百尺之室，以突隙之烟焚。”二者都说明一个道理：“细节决定成败”和“大意失荆州”。

关于孩子的精细化教育，顾先生指出：“教书育人在细微处。儿童的感情是很丰富的，也是脆弱的，需要老师细心观察、细心呵护。”顾先生的意思主要是指教师和家长的教育行为要从细微处入手，用精彩的细节去创造华丽的育人成果，切不可粗心大意，更不可简单粗暴。同时，要求老师家长要以个人的严谨去引领孩子。要高度重视学生在学习生活上严谨认真习惯的养成和粗心大意、马虎潦草问题的矫正。因为不拘小节和考试看错题、答错题，看上去是小毛病，其实是大问题。马虎的小毛病一旦养成了习惯，势必积成大问题、酿成大灾难。

陶继新　2024年12月22日，我在济宁天立学校采访韩顶清校长，他在谈到关注最低分的同时，还提出了一个让一般人想不到的观点，即关注最高分。

其实，小学升初中可以直升，没有分数要求，那么，为什么还要关注小学生的最高分呢？而且他还别出心裁地提出来学生要考100分的要求。99分不行吗？只有1分之差。他说不行的。

韩校长在小学生中做过大量调查，发现有的孩子得了99分，丢了的那1分并非没有学会，而是由于过于马虎。比如有的孩子把3+2的和算成了1，教师和家长只略一提示，他马上就明白，知道错了。千万不要认为由此之后，这个孩子就不会再犯类似的错误；相反，再让他做4−3等于几的时候，他竟然写成了7。原因何在？他又把减号误认为加号了。看来，这样的学生遇到类似的问题，依然会一错再错，甚至粗心马虎已经习以为常又不以为然。

所以，教师不但要教这样的学生做对题，更要关注做题良好习惯的养成，乃至让他们形成“不贰过”的做题习惯。以后再做题以及考试遇到类似题的时候，基本上不会出现问题。

韩校长又对这样的孩子进行了跟踪调查，发现小学阶段没有得过满分的学生，到了初中和高中几乎全是“差生”。

叶圣陶先生说："教育是什么，往简单方面说就一句话，就是养成良好的习惯。"而习惯的养成，小学是一个关键期。所以，韩校长认为，尽管老师们都知道小学生习惯养成的重要性，可是，一定要落实到细节处，乃至一个小小的点上。诚如老子所说："天下大事，必作于细。"所以，韩校长提出来一个不同于一般校长和教师的观点："考试满分就是好习惯。"学习习惯的养成，说教起到的作用微乎其微，只有落实到具体的做题之中，才能养成真正好的学习习惯。

樊兴举 《论语》有云："取乎其上，得乎其中；取乎其中，得乎其下；取乎其下，则无所得矣。"宋代诗歌评论家严羽说："学其上，仅得其中；学其中，斯为下矣。"孟子曰："得天下英才而教育之。"顾先生指出："大众教育与天才教育并不矛盾。教育的普及和高质量的大众教育，可以发现更多的天才。"济宁韩顶清校长"考满分就是好习惯"的教学观，古人也十分强调。考满分看似苛刻，实则是培养卓越人才所不可或缺的。

陶继新 如何改变学生做题易出错的不好习惯呢？一是教师从小学一年级就要关注考满分的问题；二是不要求之过急，因为不好的习惯一旦养成，真正根除往往需要相当长的时间。所以，教师要有耐心，同时给学生以鼓励，让其看到希望。久而久之，这种好习惯也就养成了，甚至有可能跟随其一生。

樊兴举 人非圣贤，孰能无过。学生做错题是不可避免的。老师怎么办？首先要容错，其次是纠错。很多学校指导学生建立错题集，对错题二次三次过关就是很好的经验。当然，这需要老师的耐心和学生的恒心。这方面，钱学森就是成功的典范。

钱学森治学严谨，在知错改错方面堪称楷模。有一次，他在研究火箭推进系统时，发现了一个关键数据的计算错误。这个错误虽然微小，但可能导致整个项目的失败。钱学森没有因为自己是项目负责人而掩盖错误，而是立即召集团队，公开承认了自己的失误，并带领大家重新计算和验证数据。钱学森对科学的追求近乎苛刻。他常常对团队成员说："科学来不得半点马虎，我们必须追求完美。"在一次火箭发射试验中，尽管前期准备工作非常充分，但在发射前夜，钱学森仍然坚持再次检查每一个细节。他发现了一个微小的电路问题，立即要求团队连夜修复，确保发射万无一失。

钱学森的故事告诉我们，无论在什么领域，知错改错和追求完美都是取得成功的关键。

顾先生的"教书育人在细微处"，主要是要求老师和家长的。他强调，老师和家长对脆弱的孩子要"细心观察"和"细心呵护"，还要"耐心疏导"，切不可"粗心大意"，更不能"简单粗暴"。看看苏霍姆林斯基是如何做的。

有一天，苏霍姆林斯基在校园里散步时，看到一个小女孩摘下了学校花坛里的一朵玫瑰花。这朵玫瑰花是全校师生精心培育的，非常珍贵。其他老师看到后非常生气，认为小女孩的行为破坏了学校的规则，应该受到严厉的批评。然而，苏霍姆林斯基并没有立即责备小女孩。他走到她身边，蹲下来轻声问道："你为什么摘这朵花呢？"小女孩低着头，小声回答："我的奶奶生病了，她最喜欢玫瑰花。我想把这朵花送给她，希望她能快点好起来。"苏霍姆林斯基听后，摸了摸小女孩的头，说："你是一个有爱心的孩子。不过，下次如果你想送花给奶奶，可以先告诉老师，我们可以一起想办法，好吗？”小女孩点点头，露出了笑容。随后，苏霍姆林斯基带着小女孩重新种下了一株玫瑰花，并告诉她：“这朵花会和你一起成长，等到它开花的时候，你可以再摘下来送给奶奶。”小女孩高兴地答应了。

这个故事体现了苏霍姆林斯基的教育智慧。他没有简单地用规则去惩罚学生，而是通过耐心倾听和引导，理解了学生的行为动机，并帮助她找到更好的解决问题的方式。这种教育方式不仅保护了学生的自尊心，还让她学会了遵守规则和尊重他人。

2. 忽视差异

陶继新 人生而有异，各不相同，可是，有的教师和家长，却用考分多少这一把尺子衡量孩子优秀与否。于是，学科成绩虽然不好，在其他方面有特殊天赋的孩子，往往被视为“差生”甚至“学渣”而被忽视甚至打击。

樊兴举 由于应试教育的唯分数唯名次，老师的教学往往不能尊重差异、因材施教，而是“批发式”和“工厂流水线”作业，导致基础好的学生“吃不饱”，基础差的“吃不了”，更有甚者如按分排名等等，最终出现两极分化，学困生变成“差生”后不断厌学、逃学、辍学。关于学生评价问题，顾先生这样论述：

一是评价的根本目的是促进全体学生的全面发展，而不是简单地给学生贴上“好”或“差”的标签。评价应关注学生的成长过程，帮助他们发现自己的优势和不足，从而激发他们的学习兴趣和潜能。

二是评价应多元化。顾先生强调，传统的评价方式过于单一，主要依赖考试成绩，忽视了学生的其他能力和素质。他主张建立多元化的评价体系，包括：综合素质、个性发展、兴趣爱好、特长。

三是评价应注重过程而非结果。顾先生指出，评价不应只关注学习的结果，而应重视学习的全过程表现。

四是学生是学习的主体，评价也应体现学生的主体性。他提倡让学生参与评价过程。

五是评价应具有激励性。顾先生强调，评价的目的不是打击学生的自信心，而是激励他们不断进步。

六是评价应关注学生的终身发展。顾先生认为，教育评价不应局限于学生的某一阶段，而应着眼于他们的终身发展。

陶继新　我是20世纪50年代上的小学，那时候学校多不重视音体美。当时有一个女孩，从入学伊始，就有非同一般的音乐天赋，她几乎无师自通地唱出了很多名曲。可惜的是，她的语文和数学成绩很差，考试不及格是家常便饭。尽管她高兴的时候一展歌喉，会让所有听者赞叹不已，可是，她的班主任因其学科成绩太差对她嗤之以鼻，甚至在全班学生面前对她批评挖苦。这个女孩实在忍受不了老师的打击，在四年级的时候就辍学在家务农了。

前几年我回老家的时候，正巧遇到她，她已经是一个满脸皱纹的老太婆了。可和她谈起唱歌的时候，她的眼睛瞬间便亮了起来，而且不容分说地给我高歌一曲。那是一曲如泣如诉之歌，让我听得泪如雨下，又佩服不已。

如果当时老师对这个具有音乐天赋者重视并很好培养的话，说不定她早已是名重天下的歌星；即使不成歌星，至少在某个艺术类院校也是一位佼佼者了。

樊兴举 这个学生被老师贴上“差生”的标签后就辍学了，她的音乐天赋从此也就无人问津了。

顾先生指出：“学生有些行为在某些场合看来是缺点，换个场合可能就变成了优点。因此，老师要善于发现学生的优点，克服学生的缺点，不要让所谓‘缺点’毁掉学生。”还有一个相反的例子：

居里夫人是第一位获得诺贝尔奖的女性，也是唯一一位在物理和化学两个领域都获得诺贝尔奖的人。然而，她的天才最初并未被重视。她在波兰时因性别原因无法接受高等教育，后来到巴黎求学，生活极为贫困。她在实验室中偶然发现了放射性元素钋和镭，这一发现彻底改变了科学界对物质结构的认识。

陶继新 大家知道吗？我天生没有音乐细胞，从小学到高中十几年，竟然连一首歌曲也不会唱，不管怎么学，一唱就跑调。

当然，我也有自己的长处，比如我对语文、数学等很感兴趣，成绩非常好。所以，我考入了省重点高中郓城一中。恢复高考后，1978 年我参加高考，天天早起晚归地在田地里干活，只能用在田间地头休息或晚睡等一些零星时间为高考而复习。即使这样，我在全县还是取得了第二名的成绩，与第一名仅差 0.25 分。同一个公社里的一个考生，比我少考了很多分，被山东大学录取；而我，因为“政审”问题，仅上了济宁师专。从此，我就迷上了学习，到现在屈指一算，已经发表了 1500 多万字的文章，出版了 70 本著作。可是，如果让我学唱一支歌曲，即使几十年天天训练，唱出来也是南腔北调的。如果让我考艺术类院校，终生奋斗，也不可能考上。

樊兴举 陶老师高考的成功证明了一个道理：只有方向正确、扬长避短、选择适合自己的强项，才可能成功。否则，就会出现短板效应。我的高考就因选错了方向而走了两年的弯路。我缺乏理科思维，初中物理、化学就搞不明白，而高中随波逐流地选择了理科，导致高考连续两年落榜。第三年，在班主任李老师的建议下，我改报感兴趣的文科（政史地），顺利考上了大学。于是，我想起了国家新一轮高考科目组合改革。除新疆、西藏外，全国都采取了3+3或3+1+2的近20个模块的选课模式，彻底打破了传统的大文大理。这是全国高中教育尊重差异、提供选择、挖掘潜能、多元发展的重要举措。学校和家庭要协同育人，善于发掘学生的天赋和潜能，充分尊重学生的兴趣和选择，搭建通向“罗马”的条条成才大道！

陶继新 真的是人各有所长，比如我在老家务农的时候，我在不少方面远不如一字不识的二弟精明能干。抽水机出故障时，我总是一筹莫展；而他这里看看，那里摸摸，不一会儿便解决了问题。他没学过木匠，却会做地排车；他没学过建筑，却会建造房屋。而我即使跟他学上数年甚至十几年，估计也依然是一个不合格的学生。所以，但凡我们兄弟几个聚会的时候，我就特别尊重我的二弟，他虽然到现在还是一个打工者，可我可以肯定地说，他是我看到过的最优秀的打工者，而且有着我永远达不到的境界。

樊兴举 顾先生强调：“儿童的天赋存在差异，生活成长环境和努力程度不同，发展的路径也不同。”顾先生的话应了一句中国谚语，“闻道有先后，术业有专攻”。之所以“七十二行，行行出状元”，就是因为“上帝给你关上了一扇门，同时会给你打开一扇窗”。古有奚仲造车、名医扁鹊、科圣墨子，还有不识文字的民间非遗匠人们；今有与院士齐名的“大国工匠”。令陶老师尊重的农村弟弟也算是一个民间艺人吧。

陶继新 教师，就要根据不同的孩子因材施教，让各有所能者成人成才。想想当年的孔子，弟子三千，贤者七十有二，也是各不相同。被人们誉为四科十哲之首的颜回，并非口若悬河之人，也不能担当外交重任，在这些方面，比起子贡来，相差甚远。在文学造诣方面，与子游、子夏也无法相比。可是，他的德行悟性极高，孔子对其评价极高。如果以分数取人的话，颜回是不可能受到孔子“贤哉，回也！”的赞赏的。

在教育过程中不考虑学生的个体差异，就可能会忽视或压抑某些学生的特殊才能和潜力；相反，扬长避短，各美其美，各类人才才能脱颖而出。

樊兴举 孔子从尊重差异出发，实施因材施教，达到“弟子三千，贤者七十二”。如何办好公平而又有差异的教育？

全国政协委员、江苏无锡锡山中学原校长唐江澎，打破传统的应试教育一刀切模式，成功地探索了一条差异化教育之路，为走进深水区的中国基础教育改革提供了可资借鉴的他山之石。

唐校长从顾先生的“学生是教育的主体”出发，尊重个体差异，发掘个体潜能，保护个体天赋，实施全员教育。

唐校长利用人工智能，重构“基础 + 拓展 + 研究”的锡山中学课程体系，实行个性化分类分层、选课走班，校本课程达 300 余种。该校以唤醒生命、培养完整的人为目标，转变教师角色，推行导师制下的学本教育，其课程课堂改革一直是全国的样板试验田。

3. 成人标准

陶继新　顾先生在《站在孩子的视角谈教育》一书中有这样一段经典论述：“教育要遵循人的内在发展规律。我们常常讲，教育要遵循儿童成长发展的规律，遵循教育规律。遵循儿童成长发展的规律，就要了解儿童，以儿童为主体，了解他们的需要，站在儿童的视角来设计教育，给每个儿童提供适合于他的教育。”顾先生意在告诫我们，不要用成人标准来看待孩子。

樊兴举　顾先生一直倡导教育要尊重儿童的成长规律，反对用成人标准来要求和评价孩子。用成人标准要求和评价孩子的主要表现是：

在教育目标上，过早地用成人的成功标准（如高分、名校、高薪）来要求孩子；在教育内容上，过度强调知识灌输，忽视儿童的兴趣和认知发展规律；在教育方式上，采用强制、命令式的管理，缺乏对儿童情感和心理需求的关注，导致儿童过早失去学习兴趣，产生厌学情绪。压抑儿童的创造力和个性发展，使其成为“标准化”的产物。增加儿童的心理压力，影响其身心健康发展。

如何从理念上改变成人标准呢？顾先生强调：应尊重儿童的成长规律。儿童不是“小大人”，他们有自己独特的思维方式、情感表达和发展节奏。应根据儿童的年龄特点和认知水平设计教育方法，避免拔苗助长。游戏、探索和好奇心是儿童的天性，应为其提供自由发展的空间。要以儿童为中心，帮助儿童成为最好的自己，而非按照成人的期望塑造他们。要关注儿童的全面发展，不仅关注学业成绩，更要重视品德、情感、社交能力等方面的培养。尊重儿童的参与权，在教育过程中，倾听儿童的声音，尊重他们的选择和意见。

关于家庭教育，顾先生强调，要避免过度期望，家长应放下“望子成龙”的焦虑，尊重孩子的兴趣和基础。要营造宽松的家庭环境，为孩子提供自由探索的空间，允许他们犯错和尝试。要注重情感陪伴，与孩子建立平等、信任的关系，关注他们的心理需求。

关于学校教育，顾先生强调，要改革评价体系，减少对分数的过度追求，建立多元化的评价标准。要优化课程设计，课程内容应符合儿童的认知特点，增加趣味性和实践性。

顾先生还强调，教师应学习儿童心理学，掌握科学的教育方法，而不能用成人心理来教育未成年人。教育的根本任务是解放儿童的天性，帮助他们实现自我发展，而不是用成人的标准去扼杀儿童的天性。教育是慢的艺术，儿童的成长需要比成人更长的时间和更大的耐心，不能急功近利。

陶继新　在现实教育教学中，违背孩子教育规律的事却屡屡发生。有一个幼儿园要求四五岁的儿童端坐40分钟听老师讲课，小学教师要求学生一节课都必须全神贯注听讲者也是屡见不鲜。

脑科学研究表明，儿童注意力的持续时间应为年龄乘以 2—5 分钟，儿童本来就不可能具备成人那般的注意力。用成人认知框架切割儿童成长节奏，无异于要求毛虫以蝴蝶的姿态飞翔。

其实，小孩子不是不想端端正正听课 40 分钟，而是不具备这方面的生理机能。知道了这个道理，有的老师根据学生的生理特点，在一节课中巧妙地设计了两三个动静转换教学环节。大量的课堂教学实验案例，得出一个让人意想不到的结果：课堂上有了动静转换，不但可以提高 10% 以上的教学效率，还让孩子们学得更加轻松。

樊兴举 一节课 40 分钟的幼儿园，应该是一家不规范的幼儿园，错用了中小学的课堂时长标准。山东省教育厅规定：幼儿园小班一节课时长为 25 分钟，中班为 30 分钟，大班为 35 分钟。教育部《3—6 岁儿童学习与发展指南》针对儿童身心发育成长特点，对教育教学尤其是纠正幼儿园小学化倾向作了明确规定。

违背孩子成长规律，按照成人甚至超越成人标准要求孩子，导致孩子负担过重；摧残孩子身心健康和学习兴趣，导致孩子逆反厌学、逃学、辍学的重灾区应该是中小学。小学主要是作业量和课后辅导量严重超负荷，初高中主要是疲劳战、题海战和排名战让学生不堪重负，尤其是 5+2 和白加黑，成人都受不了，何况未成年的孩子。此外，还有在处理问题上也用成人标准，导致孩子严重叛逆。对此，国家正以猛药去疴、重典治乱的力度予以整饬。

陶继新 要想做好儿童教育教学的去成人化，教师就要走进儿童的内心，甚至模仿他们的形态，说他们喜闻乐见的语言。我听过

200 多节全国小学语文和小学数学名师的课，感到他们之中的不少人真正走进了儿童的心灵世界，并在课堂上演绎了让孩子们心驰神往的精神。

比如 2020 年 11 月 10 日上午，我在江苏省常州市龙虎塘第二实验小学采访被学生称为糖果老师的许嫣娜并听其执教的《难忘的泼水节》一课时，甚至认为她就是一个灵动而有趣的“大小孩”。在课堂上，她的手舞足蹈、天真灿烂以及表情之丰富乃至过度夸张，会让人们感到她是一个近乎顽皮而又幸福莫名的孩子。

小朋友们声情并茂的朗读尽管并未超越糖果老师，可她却甘拜下风地举手“投降”，故作逃遁状地钻到讲台之下。直到好几个小朋友连呼带叫地把她从讲台下“拯救”出来，她才“满面羞愧”“自惭形秽”地站到讲台上。此后，便是对刚才朗读表现好的小朋友们的一番极具夸张而又不失真情的赞扬，夸得小朋友们激动得满面红光，自信与自豪感在心里荡漾不止。于是，孩子们不但轻而易举地学好了课文中的知识，而且也打开了形象思维的翅膀，走进了“登山则情满于山，观海则意溢于海”的审美天地。而彼时彼地糖果老师也笑得前仰后合，“复归于婴儿”的音符快乐地弹奏了起来。

为了让小朋友们自由而又快乐地学习并抵达高效学习的殿堂，糖果老师设计了无数的锦囊妙计。比如，她在带着小朋友学习课文或绘本的时候，往往根据故事内容，和小朋友们扮演文中的人物形象，在教室里开演妙趣横生的情景剧。“演员们”个个戴着头饰，进入到课文或绘本的情境之中。如此“披文以入情”的学习，不但有了生动形象之美，而且令孩子们更加深入地了解了文义，且有了“知之者不如好之者，好之者不如乐之者”的心灵愉悦之美。

何止于课堂上，在任何时间与地方，只要和小朋友在一起，她都是一个孩子。她甚至不顾教师的“身份”，说哭鼻子就哭鼻子，可瞬间却又“肆无忌惮”地大笑起来。更有甚者，她还可以变幻成各种各样的动物，说狼就是狼，说兔子就是兔子。有的时候，有的小朋友说了某些触动其童心的故事，她甚至会像婴孩一样向小朋友们撒娇。

与孩子们心灵言行相通的许嫣娜老师，自然也受到了孩子们的热爱和拥戴，教学效率与质量之高，也就情在理中了。

樊兴举　糖果老师《难忘的泼水节》一课之所以成功，就是去“成人化”，上成了孩子自主的课堂。首先是老师走进了孩子的内心，形成了师生灵魂的纠缠，孩子“亲其师”，进而“信其道”。其次是教学设计符合儿童的特点，孩子喜欢，心向往之。再次是把课文变成了情景剧，把孩子带入真实而又有吸引力的情境中，成为主人翁。由此，我想起了全国著名语文特级教师于永正“把自己变成孩子”的故事：

于永正是课堂上的“孩子王”。他在课堂上常常以幽默、生动的语言吸引学生的注意力。他会模仿孩子的语气，用夸张的表情和动作讲解课文，甚至和学生一起表演课本中的角色。这种“把自己变成孩子”的方式，不仅让课堂充满乐趣，也让学生更容易理解和接受知识。

于永正经常蹲下，与学生平视对话。他认为，教师居高临下的姿态会让孩子感到压迫，而平等的交流方式能让孩子感受到尊重和关爱。这种细节体现了他对儿童的深刻理解和尊重。

于永正在批改作业时会用孩子的语言写评语，比如“你的字像小蚂蚁一样整齐，真可爱！”或“这个句子像小兔子一样跳出来了，真有趣！”这种充满童趣的评语让学生感受到老师的亲切。

于永正说：“我一生最大的幸福就是把自己活成了孩子。”

陶继新 遗憾的是，在有的小学教师的课堂上，小朋友非但演绎不出糖果老师班上小朋友的精彩，反而有时会交头接耳地说话，不专注听讲也已司空见惯；于是，教师将问题归咎于学生，以至大加批评，认为“孺子不可教也”。这些孩子也许闭上了嘴，甚至坐正了身子，可他们的心并没有与教师交流，更遑论有灵感的闪现了。

这种在儿童教育教学中搞“成人化”的做法，没有关注学生的年龄特征和接受能力，违反了学生身心发展的阶段性规律。

陶行知说：“我们主张生活即教育，要是儿童的生活才是儿童的教育，要从成人的残酷里把儿童解放出来。”

也许有人认为陶行知所说的“残酷”二字有点过重，可细细想想，不仅有告诫警示之意，而且也有着切中肯綮之妙。

樊兴举 “成人化”课堂实质上就是师本课堂，与顾先生倡导的“课堂要以学生为主体”的生本课堂是背道而驰的。顾先生有以下建议：

学生是课堂的主体，课堂的根本任务是培养思维，是提高学生生命的质量、提升学生生命的价值。

教学目标应围绕学生的需求和发展设定，而非仅仅完成教材内容。要关注学生的个性化发展，为不同层次的学生设计差异化的学习目标。

教学内容应贴近学生的生活实际，激发他们的学习兴趣。要注重知识的应用和实践，而非单纯的理论灌输。

教师不再是课堂的中心，而是学生学习的引导者和支持者。教师应通过提问、讨论、观察等方式了解学生的学习情况，及时调整教学策略。教师应为学生提供自由表达和探索的空间，鼓励他们提出问题和解决问题。

学生不再是被动接受灌输的“机器”，而应成为课堂的积极参与者。要通过小组讨论、项目合作等方式，培养学生的团队协作能力。教师要鼓励学生提出问题、设计方案、寻找答案，培养他们的独立思考和实践能力。

要建立多元评价课堂。不仅关注学生的学业成绩，还要评价他们的学习态度、合作能力、创新能力等。

要重视学生在学习过程中的表现，而非仅关注最终结果。鼓励学生参与评价过程，培养他们的自我反思和批判性思维。

4. 缺乏耐心

陶继新 现实生活中，顾先生经常看到孩子把自己知道的事情、遇到的困惑、取得的成绩告诉家长；但有的家长对孩子的诉说不耐烦，导致许多孩子不愿意和家长交流。

所以，顾先生说：“家长要尊重孩子，与孩子交流，首先要能耐心地倾听，解释他（她）的困惑，赞赏他（她）的成绩。”

樊兴举 父母在教育过程中的“不耐烦”现象，是比较普遍的痛点。这主要是由家长的压力和焦虑情绪以及对儿童发展规律的认识偏差造成的。这种沟通异化的后果不仅破坏了亲子关系，更可能对孩子的心智造成结构性损伤。

《中国家庭情感教育白皮书》记载：80、90后父母群体中，68%的人在童年大都经历过不同程度的情感忽视。未被治愈的“内在小孩”在面对他们子女的不良倾诉时，容易触发情绪闪回，形成不耐烦—自责—更不耐烦的负面循环，最后发泄在孩子身上，给孩子的成长造成严重的阻碍。

解决家长的不耐烦问题，除践行顾先生的要求外，重点是唤醒父母内心最柔软的“不忍”，不忍心让“立竿见影”“十全十美”伤害孩子，要学会用“观察幼苗”的视角耐心、细心地静待花开。

陶继新 有些家长一看到孩子有某些不足时，往往急躁甚至大发脾气。这种情绪不仅不利于孩子的成长与学习成绩的提升，反而挫伤了他们的自信心，甚至导致孩子对学习失去兴趣和信心。

家长看到孩子学习成绩不好的时候生气当是人之常情，无须大惊小怪。但生气不但起不到好的作用，甚至有可能与孩子产生感情摩擦和抵触。所以，当孩子出现成绩下滑等情况的时候，不要急躁和生气，而要抚平孩子心灵的创伤，鼓励孩子继续努力，让其感到这只是一时的现象，只要努力，成绩定会提升。即使以后偶尔出现不理想的情况，也在情在理中，不必成为心理负担，从而培养孩子一颗平和之心。这样，亲子关系和谐了，孩子心里没有负担了，学习成绩反而会越来越好。

樊兴举 顾先生指出：“教育是慢的艺术，要像养玉一样温润以待。”叶圣陶先生讲：教育是农业而不是工业，要像园丁一样去适应季节，修剪呵护，静待花开，而不能按工业产品的零部件标准去苛刻要求。不经风雨，怎见彩虹。孩子考试失利不应成为亲子关系的裂痕，而应转化为共同成长的契机。“不允许犯错”的教育文化会催生“脆弱型”人格。芬兰教育的“第二次机会”制度（学生可以重复考，直至掌握知识），印证了顾先生的观点：耐心就是允许试错。如北京某实验学校设立“错题博物馆”，使错题成为宝贵的教学资源。应当记住：教育的终极目标不是制造“学霸”，而是培养能在人生的长跑中不断进行自我修复、实现持续进化的生命体。

陶继新　对于“横眉冷对千夫指”的鲁迅先生，有的人认为他总是满脸的严肃，即使对待孩子，也是不苟言笑。其实不然，从他的“无情未必真豪杰，怜子如何不丈夫”和“俯首甘为孺子牛”等诗句中可以感到，他其实是一位非常疼爱孩子且极有耐心的好父亲。

一次，吃晚饭时，周海婴听说享誉全球的“海京伯”马戏团到上海演出，高兴得手舞足蹈。但鲁迅考虑到马戏团大多为猛兽表演，且在深夜临睡前演出，担心海婴看了会受到惊吓，结果没有带他去看。海婴为此号啕大哭了一场。鲁迅先生见海婴如此难过，便耐心地对他说明了原因，答应另找机会，白天陪他去看。鲁迅在1933年10月20日的日记中这样写道：“午后同广平携海婴去海京伯兽苑。”这件事给海婴印象很深，以后每提及此事，海婴总是动情地说：“父亲对我如此真心地爱，使我认识到一个人如何才能当一个好父亲。”

海婴之感，发自肺腑，真爱孩子，就不能无视孩子的正当要求和心理感受。唯其如此，不仅是爱，而且也是智慧之爱。

对海婴提出的问题，即使是一般人认为“云山雾罩”的问题，鲁迅也总是不厌其烦地给予解答。

有一天，海婴问鲁迅：“爸爸，侬是谁养出来的？”

“是爸爸妈妈的爸爸妈妈养出来的。”

“爸爸妈妈的爸爸妈妈，一直到从前，最早的时候，人是哪里来的？”

这涉及物种起源的问题，鲁迅便告诉他是从子（单细胞）来的。

但是海婴还是刨根问底：“没有子的时候，所有的东西又是从什么地方来的？”

这些问题不是几句话可以回答得了的，也不是五六岁的孩子所能理解的。但为了不使孩子失望，鲁迅还是耐心地告诉他：“等你大一点读书了，先生会告诉你的。”

如果有的孩子提出这样的“不着边际”的问题，家长也许会认为孩子“无事生非”，搪塞几句甚至斥责孩子。可是，鲁迅如此耐心地予以回答，让海婴感到父亲的温情与关爱。而这些，又会“随风潜入夜，润物细无声”地浸润到孩子的心里，从而让孩子拥有了耐心的品格。

樊兴举　鲁迅先生的育子故事印证了顾先生的教育哲学：耐心是教育的底色，是对儿童生命价值的尊重，是教育人文关怀的根基。顾先生强调，真正的教育不是“制造产品”，而是“培人”，需要把孩子作为教育的主体，遵循儿童身心发展规律，耐心地陪伴其自然成长。

一位母亲因孩子经常提出“无理”要求而情绪失控，造成孩子一提出无理要求时，母亲就大吼大叫，导致孩子时而抑郁，时而狂躁。心理专家给她制定了“21天不吼叫”计划，通过深呼吸和记录孩子进步等方式培养耐心，吼叫不断减少，亲子关系改善，孩子无理要求也逐渐减少了。

陶继新 不仅家长需要耐心，教师在教育教学中，对孩子也要有耐心。缺少耐心的教师在教学中往往会在不经意间对学生造成伤害，他们对不合自己心意的学生有可能采取简单粗暴的方式，从而影响到学生学习的效率与质量，甚至让师生关系恶化，对学生心灵造成伤害。另外，缺乏耐心的教师，一旦自身压力过大或遭遇了特别不顺心的事，多会不自觉地将负面情绪传递给学生，从而影响到学生的心理健康和学习质量。

在这方面，你有实践经验，也有理论研究，请你在这方面多谈一些好吗？

樊兴举 顾先生强调，儿童犹如幼芽，碰伤了就不易生长。大数据显示，教师的耐心倾听每增加1分钟，学生课堂的参与度就会提升17%（选自华东师大2022年调研报告）。

山区一个优秀教师，坚持用3年的时间引导一名厌学学生，通过阅读重塑价值观，最终学生成绩进步很快。这说明耐心需要挣脱“即时反馈”的枷锁，教育要关注隐性成长。

2022年10月，我任中国科学院大学青岛附属学校校长。有一天晚上，我发现一个家长在狠狠地殴打他儿子，并拖着他上车，准备让他退学。经了解，殴打的原因是抽烟。我上前把他们拉开，告诉家长戒烟的事包在我身上了。家长回去后，我把该生叫到我办公室，心平气和地让他说明情况。原来，他从小学就上寄宿制学校，三年级就开始抽烟，已有 7 年烟龄。于是，我把政教处主任叫来，三个人签订了“戒烟协议”，并专门安排了个戒烟室。从一天三包减到一天一包，然后一周一包……依次递减，三个月即可完成戒烟任务。我每周一调度，结果提前一个月就戒掉了。烟戒了，学习成绩也上去了。

三、路在脚下

1. 细节精彩

陶继新 《韩非子·喻老》有言："千丈之堤，以蝼蚁之穴溃；百尺之室，以突隙之烟焚。"意思是说，千丈长的大堤，因为一个蚂蚁洞而溃决；百尺高的房屋，因为烟囱的缝隙冒出火星而焚毁。这个成语警示人们不要忽视小细节，否则可能会酿成大祸。

相反，如果关注细节，防微杜渐，则可以转危为安，乃至化腐朽为神奇。

在教育中，关注细节显得尤为重要。正如春雨润物无声无息，真正的教育力量往往蕴含在师生互动的细微处。当教育者将目光投向学生成长中的点滴变化，用耐心与智慧捕捉那些易被忽视的细节时，教育的真谛才得以真正显现。

樊兴举 韩非子的"千丈之堤，溃于蚁穴"，老子的"天下大事，必作于细"，都告诫人们：细节决定成败。没有精彩的细节，就不可能有华丽的结局。

顾先生强调："教书育人在细微处。"这句话体现了顾先生对教育细节的关注。他认为，教育是一个细致入微的过程，教师在日常生活中的一言一行，都可能对学生产生深远的影响。因此，教师应该注重自己的言谈举止，通过细节来传递积极向上的价值观和人生观。例如，教师在课堂上的每一次鼓励，每一次耐心的解答，都可能成为学生成长道路上的重要支撑。

陶继新　2024年12月15日下午，我在顾先生家里采访时，他饶有兴趣而又具体形象地讲到一次在杭州参加班主任工作会议的时候了解到的一个关于班主任工作细节的精彩案例。

真是无巧不成书，顾先生所说的这个班主任，正是我采访过的浙江省（德育）特级教师、全国优秀教师林志超。结合顾先生所谈和我采访的内容，下面还原一下当时林志超那一极其精彩的细节——

林志超老师的班里有一个小东同学，虽然学科成绩不是特别出色，但在体育运动方面，却有着卓越的表现，尤其是长跑，每次都稳居整个年级前列。

可在一次体育健康检测的千米跑步中，他却意外地名落孙山，而且还与体育老师发生了很大的冲突。

其实，对于小东来说，在千米跑步上取得第一是小菜一碟的事儿。据说，在这次千米跑检测时，他在跑前两圈时就已经与其他同学拉开了30米左右的距离，遥遥领先的他，脸上还洋溢着特殊的轻松与得意的表情。

不料，他中途竟然跑去喝起水来。之后，不知何故突然离开跑道，径直往宿舍跑去，待他返回时，大部分同学已经跑完了。尽管他如离弦之箭般地追赶，可还是只拿了个67分的及格成绩。

此前，体育老师方老师曾在同事们面前吹过牛，说小东这次检测不但可以取得第一名的好成绩，甚至还会破纪录地创造新的奇迹。可现实却猛然给方老师泼了一桶冷水，他不由得怒火中烧，当场便对小东大批一通。小东自知理亏，没有发声，只是不服气地低声嘟噜了几句，就黯然伤神地离开了体育场地。

真正的冲突发生在第二天的体育课上，方老师想把昨天检测的成绩再汇总一下。于是，他拿了一张登分表，逐一报学生的名字，让学生一一报上昨天的分数，旨在表扬一下跑步成绩好的学生，鞭策一下成绩不理想的学生。可当喊到小东时，却没有听见回声，在方老师再三追问下，小东依然没有回应。

方老师非常生气："小东！你聋啦？"

意想不到的是小东竟然回了一句："你才聋了！"

全场错愕，同学们纷纷把眼光投向方老师，血气方刚的方老师上前一把揪住小东的领口，谁也没有想到，长得人高马大的小东以迅雷不及掩耳之势，也揪住了方老师的领口。于是，两个人便扭打在了一起。

学生们吓坏了，急忙跑来找林志超老师。

林老师到现场之后，觉得首要的问题，是先把冲突双方分开，一方面能让大家冷静下来，另一方面也能让双方尤其是方老师不再处于尴尬的境地。

林老师让小东赶紧松手，并给方老师赔不是，可小东紧紧地握着双拳，气喘吁吁，眼睛恶狠狠地瞪着。凭着多年班主任工作的经验，林老师的第一反应就是让小东向方老师道歉，并请方老师说说这到底是怎么一回事。可方老师本来就不善言辞，尤其是在生气之时，更是一句话也说不出来。林老师见一时难以平息矛盾，就跟方老师说："你先上课，小东先去我办公室。"

一般班主任遇到类似情况，把学生带到办公室之后，多是让他站在自己面前，一顿暴风骤雨的批评，逼其悔改，甚至采取一些惩罚措施。

可林老师一反常态，非但没有批评，反而拿了一把椅子，温和地请他坐下。小东对如此“厚待”的“礼遇”有点莫名其妙，只硬邦邦地“嗯”了一句，没有坐。

林老师拿起一个纸杯，倒上一杯水，递给小东：“小伙子，火气大了会伤身，先喝口水，消消气吧！”也许小东正有些口渴，便顺手接过水杯，咕咚咕咚喝了几口。就在这个时候，林老师顺势让他坐在了椅子上。

自己犯了错误，老师非但没有一点儿批评的话语，反而一再“施恩”于自己，小东刚才紧紧绷着的心便自然地放松下来，并不由自主地对林老师产生了敬重之情。

见小东情绪已有好转，林老师开始交流今天的事件，小东似乎欲语无言。

林老师心想，也许跟昨天中途喝水有关。于是，提醒小东，可不可以从昨天跑步的事说起？

这才打开了他的思绪，便一五一十地讲起来——

“林老师，昨天午餐吃咸了，刚跑了两圈，就觉得口干舌燥，没法再跑下去了。于是，我想去喝口水，不料不小心把水倒在了衣服上，尤其是裤裆湿了一片。心想这样跑出去，被人发现会误认为我跑着跑着就尿湿裤子了，会被传为笑柄的。所以，我想着快点去宿舍换条裤子。可能是过于紧张，找了半天竟然没有找到自己的裤子。没办法，就去阳台上扯了条别人的裤子，匆忙穿上跑来，由于时间耽搁太久，所以才得了那么差的分。”

小东在阐述时，无奈与后悔的神情也一览无余地写在了脸上。

林老师专心致志地听小东说完后问道："这种情况你跟方老师说过了吗？"

小东说："我本来想跟他说的，可他根本不听。"

见林老师没有回应，小东沉默片刻后，低声说道："可能他是嫌我成绩考得太烂了吧！"

林老师不失时机地说："你知道吗？方老师对你这次检测是抱有很大希望的，他把你作为他最得意的门生来培养哦！"

这一下子触动了小东那根最柔软的心弦，泪水禁不住在眼眶里打转，带着哭腔问林老师："您说方老师会原谅我吗？"

林老师斩钉截铁地说："当然会原谅你！"

他沉默了一会，说："林老师，我想去上课，可以吗？"

林老师肯定地说："当然可以！"

小东起身往门口走去，刚走了几步，他又转回身来，恳求林老师说："您能不能带我一起去？"

林老师拉起他的手，一起走向体育场。发现方老师正怅然若失地坐在地上，一副落寞的神情。其实，跟学生吵架，老师心里最难受，这么多年对小东的付出和培养，若因为这次事件化为乌有了，那将是一件多么令人沮丧的事。

所以，当林老师把小东的手放在方老师手上时，方老师眼神中流露的感激之情令人难忘。而当小东真诚地向方老师道歉时，方老师的喜悦之情便洋溢在他整个脸上。

林老师离开之后心里还是有点忐忑，走到三楼驻足望去，发现方老师和小东又说又笑地谈得正热呢。

这个突发事件的处理过程，显现了林志超老师超然的智慧。一是他先调查情况后再说话，因为没有调查就没有发言权，有了调查就掌握了真实情况，在解决问题的时候才能对症下药；二是他第一时间赶到现场，毫不犹豫地及时进行处理，不然，这个事件就有可能继续发酵，以致事态扩大化；三是他既不以势压人，也不是简单处理，而是心平气和地与小东交流，这种走进心灵的方式，让小东紧绷的心较快地舒缓下来，从而为解决问题作好了铺垫；四是他在处理问题时，在与孩子沟通的过程中讲究视觉平等，他让孩子坐下来，这一坐很有讲究，小东的心情很快放松下来，他们之间的交流，就变得流畅而又和缓。而认真研究一下就会发现，其中每一个细节都很精彩，有水到渠成之妙，又有匠心独运之智。

樊兴举　优秀班主任林志超的故事很感人。让我们再看看全国优秀班主任李镇西老师的动人故事。李镇西老师作为知名教育家、全国优秀班主任，以其细腻的观察力、独特的班级管理智慧，留下了许多温暖而富有启发性的教育故事。这些故事往往藏匿于平凡而精彩的日常细节中，深刻地影响着学生的成长轨迹。

故事一：“一张纸巾”背后的情感联结

课间操时，一名女生因生理期突然腹痛，蹲在操场边，脸色发白。李老师没有直接询问（避免当众尴尬），而是默默递上一张纸巾和保温杯，轻声说：“去我办公室休息，抽屉里有红糖。”他在当周的班会课上，以“身体密码”为主题，科普青春期健康知识，并悄悄在该女生书包里塞了一盒暖宝宝。

这个故事给我们的启示是：教育者的敏感与分寸感，往往体现在“不戳破的关怀”中。

故事二：“迟到本”变成“心情漂流瓶”

学生常因各种原因迟到，常规惩罚效果差。李老师将“迟到登记本”改为“心情漂流本”，要求迟到的学生写下当天迟到的原因与一句想对班级说的话。一名总迟到的男生写下：“我妈住院了，我要送饭。其实我很怕她好不起来……”李老师当晚家访，帮他协调上学时间，班干部轮流去医院给他妈妈送饭。男生后来在漂流本上补了一句：“这里不像班级，像家。”

这个故事告诉我们：制度可以柔软，冰冷的规则因注入人性的温度而更具教育力。

故事三：“沉默者”的专属对话通道

李老师发现一名内向的女生从不举手发言，但周记里文字灵动。他开辟“笔友信箱”，每周与她书信交流。学生写道：“我觉得自己像教室角落的扫帚，没人注意却必须存在。”

李老师回道：“扫帚最懂尘埃的重量，正如沉默者最能听见世界的呼吸。明天班会课，请你读读这首诗（附上手抄诗稿）。”第二天女生颤抖着读完诗，全班掌声雷动。李老师后来将她的诗歌整理成册，取名《角落有光》。

这个故事告诉我们：尊重个性差异的教育，需要创造“非主流”表达通道。

2. 扬长避短

陶继新 孔子的“因材施教”，让三千弟子，从不同的层面各有成长并且取得了比较大的成就。他的这一思想在哈佛大学“零点计划”中得到了现代诠释。该计划通过多元智能评估，为每个学生制定个性化发展方案。计划实施后，学生在音乐智能领域的表现提升 28%。

歌德说得好："你最适合站在哪里，你就应该站在哪里。"扬长避短，让人站在了适合自己的地方，并取得了理想的成绩。

樊兴举 哈佛大学的"零点计划"是一个扬长避短的很好案例。顾先生不仅提倡教育要扬长避短、扬长补短，他还强调要扬长容短、护短。顾先生指出："老师要善于发现学生的优点，每个学生总是会有某些优点的。学生有些行为在某种场合看来是缺点，换个场合可能就变成了他的优点。老师要善于发扬他的优点来克服他的缺点。"纪录片《零零后》，讲到了儿童的各种行为和性格。顾先生强调，要重视学生的年龄特征。特别是少年期，是半儿童半成人的时期，是具有叛逆性的敏感期。有时候学生会犯错误。老师要考察他犯错的原因，多理解包容，不要贸然下结论。有时学生学习会有困难，或者学习成绩忽然下降，老师要帮助他们找出原因。找出原因，分析原因，问题也就基本解决了。《报刊文摘》的一篇文章叫《抑郁症休学少年家庭探访记》，此文报道：抑郁症患者大都是聪明、成绩好的学生，但家长、老师对此都没有觉察。

陶继新 顾先生在《站在孩子的视角谈教育》一书中引用了吕型伟的学生成才观："人人有才，人无全才；扬长避短，人人成才。"同时，他在不同的文章中，也对教育如何扬长避短进行了深入浅出的论述。

真正实施扬长避短教育策略的老师，几乎都取得了比较理想的教育成果，有的还让本来对升学失去信心的学生脱颖而出。

我所采访的首届河南最具影响力班主任、河南年度教育新闻人物杨卫平老师，就是一位善于扬长避短的老师。

她班里一个女生语文、数学、外语成绩不好，可她喜欢绘画，而且也有一定的天赋。杨老师常常想，说不定以后，她在绘画方面会有所成就呢！

一天，语文老师布置了一道作文题目——《夸夸我们班的任课老师》，有的学生写得很有味道。于是，杨老师灵机一动，何不让这位女生给每个老师配上一幅插图？杨老师和这个女生一说，她喜出望外，随后为每个老师一一作画，而且画得栩栩如生。也正是这个时候，福建教育出版社向杨老师约稿《被学生感动的56个故事》。

于是，杨老师对这个女生说："咱俩合作，我写文字，你画插图，说不定还可以创造一个教育佳话呢！"这个女生惊喜不已、受宠若惊。老师文章写得好，学生插图画得妙，这本书出版后，很受欢迎，还成了畅销书。

这给师生俩尤其是这个女生以极大的鼓舞，她对杨老师说："我要继续画画，将来成为一个画家！"

杨老师十分欣赏地看着她说："行！老师支持你，将来你一定能成为一位很优秀的画家！"

这个女生的画家梦由此而升起，她不断地画，而且在杨老师和家人不知的情况下，悄悄地把自己的画投给美术杂志。结果，一投即中，样刊和稿酬寄到学校的时候，杨老师和她相拥，喜极而泣。

随后，杨老师给这个女生的妈妈打去电话说："我虽然不是美术老师，可我想尝试一下，帮孩子成为一个画家！"

这个女生的妈妈很感动，也成了杨老师的"盟友"，共同支持这个女生的绘画爱好。

初中毕业，这个女生顺利地考进了她心仪的美术高中。高考后，她以优秀成绩进入自己心仪的大学。

其实，这个女生的理科成绩并不理想，如果在这些学科上拼成绩的话，她不但考不上心仪的大学，甚至有可能在高考中名落孙山。在平时的教学中，她也会被某些老师视作“孺子不可教也”的“差生”，以至对其批评和打击，让她心灰意冷，对前途丧失信心。可是，正是因为有了杨老师这位明晓扬长避短道理的班主任，才让她之所长越来越长，让她的才华得以施展，不但考进了理想的大学，也在心里积淀下一份积极思维，这份思维甚至有可能伴随其一生，走向更大的成功。

樊兴举 蔡元培在其北大的办公室里曾悬挂《庄子·逍遥游》的大鹏与学鸠图，暗喻教育应助学生“扬长避短，各适其天”。他深知：教育的最高境界不是补齐所有短板，而是让每块长板都成为支撑灵魂的脊梁。这种思维至今仍在提醒我们：真正的教育，是帮助学生在自己的星轨上发光，而非强迫他们活成统一的星座。看看蔡元培校长是如何做的：

蔡元培

1917 年考生罗家伦报考北大，数学考卷仅得了零分，但国文作文《〈红楼梦〉评论》见解独到，被阅卷老师胡适批为“天才之作”。蔡元培力排众议破格录取，并安排其入读最擅长的文科。罗家伦后来创办《新潮》杂志，成为新文化运动先锋，后任清华大学校长，延续蔡元培的教育理念。蔡元培认为：“偏才”恰是打破陈规的种子，制度应该给“偏才”留出缝隙。

朱自清性格内向，授课时常因紧张而语塞，学生投诉“讲课沉闷”。蔡元培不强求他改变授课风格，而建议“以笔代口”，支持他创办《诗》月刊，将创作与教学结合起来。他的作品《背影》《荷塘月色》等散文成为教材范本。蔡元培尊重天性差异，让短板成为独特标识。

3. 循序渐进

陶继新 《学记》有言：“良冶之子，必学为裘；良弓之子，必学为箕；始驾马者反之，车在马前。君子察于此三者，可以有志于学矣。”其大体意思是说，具有高超手艺的冶金匠的儿子，若要真正学到父亲的手艺，就一定要先学会用碎皮补缀成皮衣，然后再学习冶炼铁器；优秀弓匠的儿子，若要真正学到父亲的手艺，就一定要先学会用柳枝编织成簸箕，然后再学习制作较为坚硬的弓和箭；初学拉车的小马正好相反，要想训练得像大马一样拉车，就要跟在马车的后面走，以适应驾车的环境和道路。君子通过观察这三种情况，明白了通过先易后难、由浅入深、反复练习、循序渐进的学习，才能使事业成功的道理，才算有了专心学习的志向。

《学记》是从学习怎样才能抵达专心致志的境界而谈的；其实，不只是学习，对于出现问题的孩子，教师也不能急于求成，同样需要循序渐进，才能取得理想的效果。

顾先生对《学记》深有研究，不仅在发表的文章与出版的书中多次引用《学记》之中的经典话语，而且对教师如何对学生进行循序渐进的教育发表过不少精辟的论述。

樊兴举 顾先生曾说：“我的人生是不断学习的旅程。”强调人的进步是一个循序渐进的过程。他说：“教育必须按照年龄阶段进行，不能拔苗助长，要循序渐进。”

韩愈的《师说》则是循序渐进规律的集大成者。《师说》虽未直接使用“循序渐进”一词，但其核心思想与这一原则高度契合。

在教学内容上，韩愈强调“师者，所以传道授业解惑也”，而“传道授业解惑”在本质上就是一个循序渐进的教育过程。

韩愈还高度重视教学方法的渐进性。“问焉而以告”，韩愈强调“问”的重要性，即学生主动提问，教师根据问题深度逐步引导。这与苏格拉底的“产婆术”观念相似，通过问答逐步揭示真理。“闻道有先后，术业有专攻”，承认学生有个体差异，允许学习进度不同，不强求“齐步走”。现代教育中的分层教学、个性化学习正是这一思想的延续。

韩愈还重视师生关系的渐进性。“弟子不必不如师，师不必贤于弟子”，韩愈认为师生关系是动态的，学生通过循序渐进的学习，最终可能超越老师。

陶继新 我所采访的历城二中孙元文老师，不只是一位有大爱之心的人，而且还深谙教育之中的循序渐进之道。

在担任班主任的第二年，他所教的初二年级有一个女孩的父母离异，而且都不想收留她。女孩究竟归谁来管，只好由法院来判定了。女孩的爷爷奶奶家在农村，无法出庭，即使出庭，也难以说出个子丑寅卯。所以，这个女孩希望班主任孙老师陪她出庭，他慨然应允，因为这也正是他的心愿。谈起出庭的那个场景，孙老师迄今唏嘘不已。尽管法院把女孩判给了妈妈，她依然哭得痛不欲生，因为她有一种被父母遗弃的感觉，往日的父母之爱，似乎从此也烟消云散了。

一个原本活泼好笑的女孩，从此再也没了笑容，也极少言语。晚上同宿舍的同学步入甜蜜梦乡之时，她却彻夜难眠，泪珠一滴一滴地流落到枕头上，就连头发，也一缕一缕地掉了下来。每到吃饭的时候，即使再好的美味，她都感到像吃药一样难以下咽。人一天一天地憔悴下去，学习成绩也每况愈下。

孙老师心疼不已地和她谈心，可懂事的她却强忍着泪水说："老师，请放心，我没有事的，过两天就好了。"

其实，她并没有翻过那座流着伤心之血的火焰山。此后，她变得更加郁郁寡欢，极少与人说话，变得非常自闭。

于是，孙老师承担起了疗治这个女孩心理重伤的责任与义务。每天早饭、午饭和晚饭，他都和这个女孩同桌就餐，他吃什么女孩就吃什么。同时，边吃饭边和她很自然地聊起自己小时候的事，也聊起她童年以及她老家的爷爷奶奶。非大休的周六接学生回家的时候，孙老师还会领着这个女孩去自己岳母家里，让岳母包饺子、下面条和做好菜，给她改善生活。同时，孙老师还抽出时间给这个女孩的爷爷奶奶打去电话，让他们没事的时候多来看看孙女。

孙老师还告诉这个女孩："大人是大人的事儿，孩子是孩子的事儿。父母都是成年人了，你没有办法管控他们的情感和生活。他们重新选择未来的生活，那是他们的自由。他们有选择伴侣的自由，也有选择分手的权利。千万不要认为他们这种行为就是不道德的，其实，离婚对于你的父母来说，反而都解脱了，也许比在一起生活更开心，更快乐。也许他们以后还会碰上自己心仪的另一半儿，并迎来新的生机，新的转变。这是不是比他们痛苦地生活在一起更好些？”

孙老师发现，自己入情入理的劝说，将她那已经冰冻的心慢慢融化了，便继续与她聊下去：“你设身处地想想，如果你结婚以后，你和你的先生感情不好，在一块儿生活很痛苦，那你觉得你们两个分开好呢，还是在一块儿好？”女孩似乎有些醒悟：“还不如分开好。”孙老师进一步地说：“是啊！父母分开，说不定对他们双方都有好处。再说，父亲仍然是你的父亲，妈妈也仍然是你的妈妈，他们的身份和角色都没有变。他们之所以没有主动地接纳你，不是不爱你了，而是认为自己没有能力和条件把你抚养好。你看你爸爸就是一个普通的司机，黑天白日跑长途，哪有时间管你？你妈妈呢，没有工作，只是一个家庭妇女，她担心给不了你好的生活，即使如此，妈妈还是接纳了你。为什么？她觉着她可能比起你爸爸，还有多一些的时间和精力来关心照料你。这不就是爱吗？”

每次的聊天，都会为这个女孩的心里洒下一片阳光，如是半年的时间，她终于彻底从阴影里走了出来。她逐渐吃下饭了，脸上也绽放出了笑容。

初中毕业，这个女孩考上了高中；高中毕业，又考入了师范类大学；大学毕业之后，她成为一位小学教师。

每年春节，这个女孩都会来看望孙老师，依然会像上学时那样聊天，有时也会回忆起往事。每逢此时，她总会说：“老师，如果那个时候没有你像父亲一样关心我，呵护我，解开我的心锁，也许我早就不在这个世上了！”

话说到此处，她的泪水已经情不自禁地流了下来。不过，此时此地的泪水，没有了痛苦，全然是幸福之水。

更让孙老师感到幸福的是，这个女孩成了非常优秀的教师，她用知识的乳汁哺育所教的孩子，也懂得了教育心理有了较大问题的学生时，不可一蹴而就，而要采取循序渐进的方法。而且，她也学着孙老师，化解了几个痛苦到无路可走的学生的心理阴霾，让他们勇敢甚至幸福地面对挫折，走出了一条成功之路。

樊兴举 历城二中孙元文老师爱生胜子、春风化雨，用生命激励了生命。而魏书生用六个小妙招，书写了循序渐进的教育神话。

魏书生是当代著名的教育改革家，他特别注重循序渐进地培养学生的能力与品格，强调“教育是慢的艺术”，主张通过小步快走、逐步积累的方式，帮助学生实现自我成长。以下是几个体现魏书生教育智慧的经典故事：

故事一：“一分钟计划”，从小目标到大习惯

魏书生发现学生普遍缺乏时间管理能力，常因拖延导致学习效率低下。他提出“一分钟计划”：每天专注学习一分钟，完成后立即停止。一周后，将时间延长至两分钟，并逐步增加至五分钟、十分钟……学生从“一分钟都坐不住”到能专注学习半小时以上。学生通过小目标累积，培养了自律与时间管理能力。教育须从学生能接受的起点开始，逐步提升难度，避免因目标过高而挫败信心。

故事二：从“写日记”到“写人生”，从记录到反思

初始阶段，魏书生要求学生每天写一句话日记，内容不限（如

"今天下雨了")。一周后，拓展到写两句话（如"今天下雨了，我没带伞"）。一个月后，增加至一段话，并鼓励加入个人感受（如"今天下雨了，我没带伞，但同桌借了我一把，心里暖暖的"）。最终，学生养成了写反思日记的好习惯。

故事三："阅读马拉松"，从兴趣到习惯

初始阶段，魏书生发现学生不爱读书，于是从"每天读一页"开始要求。一周后，增加至两页，并鼓励分享阅读心得。一个月后，组织"阅读马拉松"活动，学生可选择自己喜欢的书籍，连续阅读一小时。最终，班级形成了浓厚的阅读氛围，学生自发组织读书会。

陶继新 需要说明的是，一个真正意义上的优秀老师，不但要明白循序渐进的道理，更要有一颗"幼吾幼以及人之幼"的大爱之心，以及处理棘手问题的教育智慧。这中间有"术"，也有"道"；道术并用，才能驶进理想的教育境界。

樊兴举 教育者应该坚持循序渐进，更要大爱无疆。顾先生曾经说过，教师要达到王国维在《人间词话》中总结的那三重境界。这三重境界，说的是教师的成长路径。经历这三重境界，每个教师都能成为好教师。

你知道吗？孔子在泗水之畔讲学的时候啊，那状态就像一盏明灯。他对弟子们总是循循善诱。就好比一个经验丰富的老园丁，面对那些小嫩苗不急不躁。弟子们有啥不懂的，他从不呵斥，而是耐心地一步一步引导。你要是当时在那，肯定也会被他那种温和又智慧的态度所感染。他的这种循循善诱，就像涓涓细流，慢慢地滋润着弟子们求知若渴的心。所以啊，"循循善诱"这个词用来形容孔子讲学再合适不过了。

想象一下，孔子站在泗水之畔，周围围满了弟子。他从早讲到晚，就没停过，就像一只不知疲倦的老蜜蜂，一直在花丛中传授花粉一样。弟子们的问题一个接一个，不管多幼稚或者多深奥，他都认真解答，他的脸上看不到一丝厌烦，永远都是那副温和而专注的样子。这种诲人不倦的精神，现在很多老师都得学学呢，你说是不是？

4. 家校共育

陶继新 2022 年 1 月 1 日起正式实施的《中华人民共和国家庭教育促进法》第四十一条规定："中小学校、幼儿园应当根据家长的需求，邀请有关人员传授家庭教育理念、知识和方法，组织开展家庭教育指导服务和实践活动，促进家庭与学校共同教育。"

顾先生就特别重视家校共育，在相关媒体上发表过不少有关这方面的论述。比如，2023 年 5 月 11 日上午，在接受人民德育数据中心主任袁成专访时，顾先生就指出，学校和班主任要注重爱的教育，要相信每一个孩子都能成才，要用心培养孩子。学校和班主任要发挥主导作用，引导家长一起参与育人，尤其要借助活动，与家长互动，让家长在活动中改变教育观念，掌握育人知识。

顾先生强调学校和班主任的主导作用，堪称真知灼见，意义非凡。因为真正意义上的优秀班主任，几乎无一例外地都在家校共育上进行了有效的实践与探索，并取得了显著的成绩。

樊兴举 顾先生 2021 年在《中国教育报》发表题为《深耕教

育科研　服务教育高质量发展》的文章，对家校协同育人做了重要论述。他说："习近平总书记指出，办好教育事业，家庭、学校、政府、社会都有责任。总书记特别强调家庭教育的重要性，指出要大力加强家庭、家风和家教建设，办好人生第一所学校，当好人生第一任老师，上好人生第一堂课，扣好人生第一粒扣子。要研究家庭、学校、社会协同育人机制，帮助家长了解孩子成长规律，转变教育观念，改进教育方法。"

苏霍姆林斯基在《给教师的建议》中指出："教育的效果取决于学校和家庭教育影响的一致性……没有这种一致性，学校的教学和教育过程就会像纸做的房子一样倒塌。"他在《帕夫雷什中学》中也写道："若只有学校而没有家庭，或只有家庭而没有学校，都不能单独承担起塑造人的细致、复杂的任务。"后人把它概括为家校协同的"两条腿"走路原则。在人工智能时代的今天，面对孩子教育复杂而又艰巨的任务，更需家校社会的同心同向同力。

陶继新　先后获得过"南京市斯霞奖""南京市首批德育名师工作室主持人""南京市首届德育工作带头人"等荣誉称号的郭文红老师，便是在家校共育方面做出有益探索并取得较大成绩者。

郭老师班里有 50 多个学生，100 多位家长，他们从事着不同的职业，有着各自的人生阅历与生命感悟，这些，无疑都是引领学生成长的教育资源。郭老师认为，应当让孩子们"横成岭侧成峰"地领略这些精神财富之美，于是，就有了开设家长讲座的设想。

当郭老师在家长会上将这种想法"公之于众"的时候，旋即得到了他们的回应；随后，便确定每个周五下午放学之前为家长讲堂时间。

为了在自己的孩子面前“大放异彩”，让其他孩子心向往之，每个开讲的家长都做了精心准备，讲得也精彩纷呈，让孩子们听得如痴如醉而又深受教育。

一位家长是飞行员出身，在讲述其飞上蓝天之前的艰苦卓绝的训练时，所有孩子甚至郭老师都惊讶不已又感动万分。

他说，飞行员需要在连续500次起飞降落且分毫不错的情况下，才有资格单独驾机飞上蓝天。他经受住了考验，受到了一致好评。即使如此，第一次驾机上天的时候，飞机一侧引擎突然熄火，生命悬于一线。幸亏他平日训练有素，又提前做好了各种准备，方才化险为夷。

这个家长还将当年的飞行日记拿出来让孩子们看，那上面密密麻麻的字迹里，一一记录着他那不畏艰险困难的每一次经历，孩子们看了既惊叹又感动。有的学生感慨万端地说：“想想这个飞行员叔叔经历了那么多的磨难依然一往无前，我们学习上的一点儿困难还算得了什么？”

郭老师趁热打铁地对孩子们说，要想取得突出的成就，不付出百倍的努力是绝对不可能的。孩子们在学习上付出得越多，收获也就越多；不只是当下能取得优异的成绩，未来更有可能走向成功的殿堂。

郭老师之谈，孩子们听起来有顺理成章之感，于是，在他们心里，无形中埋下了一颗不怕困难、努力拼搏的精神种子。

郭老师听说一位家长因为发现一些老年人生活非常困难，有的已经不能自理却得不到相应的照顾，便毅然辞去公职，办了一家敬老院，专做公益事业。于是，郭老师便将他请来，为孩子们开设讲座。

他的爱心打动了孩子们的心，有的孩子听着听着被感动得哭出声来。学习这位家长，对老人们尽爱心，就成了孩子们的共同心愿。于是，在重阳节来临之际，郭老师就带领全班同学，来到这位家长创办的敬老院。孩子们看到有的八九十岁的老人躺在床上，歪着脖子淌着口水，便不由自主地生起了同情恻隐之心。于是，他们把专门带来的礼物送给这些老人，有的学生还俯下身子，给老人喂饭。对老人们的真情挚爱，化作晶莹的泪珠，在孩子们的脸上不停地滚动。

郭老师说，在那种爱心汇聚的氛围里，孩子们的爱心在自然地流淌，精神境界也升华了。

郭老师认为，每一个家长的讲座，都向孩子们敞开了一扇新奇世界的大门，都对他们的心灵世界做了一次感动与净化。比如，研究核电的家长引领学生一起感受中国核电领域的神奇与奥秘；“我的第一本古典音乐启蒙书”给孩子们带来了曼妙的音乐经典，让他们感受到艺术的韵味；“生活中的物理现象”“生活中的天文知识”“神奇的化石”“插花”等讲座让孩子们在惊叹不已的同时增添了对未知世界的向往和好奇，激发了他们探索世界的欲望；从熟知古典文学的家长口中，学生得到了许多勉励成长的人生箴言；从在港口工作的家长的讲座中，学生了解到现代化的海洋运输方式，世界著名港口的雄伟建筑让他们惊叹不已；从做眼科医生的家长的讲座中，学生知道了用眼卫生以及防护、自护等许多实用技能；“我们为何需要艺术”“版画的制作”让孩子们感受构图、制版、上色、印染的每一个过程，欣赏着自己亲手做出的版画，每一个人都感受到艺术的无穷魅力，在艺术的世界里自由徜徉……

家长的精彩讲座，还对他们自己的孩子产生了极大的影响，以前自己眼中平平淡淡的父母，原来还有如此神奇的“传说”，还有如此之高的境界，于是，不仅亲子关系和谐了，敬重父母之心也自然升腾起来。

樊兴举 郭文红老师是家校共育的成功典范，其经验值得学习和推广。国家对家校共育是高度重视的，2023 年教育部等 13 部门联合印发了《关于健全学校家庭社会协同育人机制的意见》，进一步明确了家庭、学校、社会的三方责任。下面以顾先生关于家校共育的一系列论述为指导，就目前家校协同育人中出现的问题及相关对策做以下简要分析：

家校协同育人存在的主要问题：责任边界模糊，角色错位。如，学校过度介入家庭生活（如要求家长批改作业），家长过度干预学校教育教学（甚至授课方式），导致双方责任混淆。家校沟通低效，形式化严重。调查数据显示，60% 的教师认为家校沟通“效率低下”，家校分歧和矛盾突出，家长对学校存有普遍不满意倾向。资源分配不均衡，农村家庭因文化水平限制，参与困难，特殊特困家庭、留守儿童家庭缺乏针对性的学校支持。家庭教育能力不足，家长对教育孩子一知半解，盲目追风。数据显示，约 40% 的家长表示“不知如何配合学校”。政策执行落地难，缺乏有效的监督机制。

破解问题的关键对策：完善政策保障，明确学校、家庭、社会责任，建立家庭教育“黑名单”制度，对拒不履行责任的家长进行信用约束；创新沟通模式，坚持常规沟通，做好深度沟通；开发区域性家校协同平台，整合课程资源（如北京市“京学通”提供家庭教育微课）和行为数据，系统性提升家长的育人素养。

家校协同共育未来展望：从“协同”走向“共生”。加强家校共同体建设，推动家长参与学校治理，打破单向“配合”关系；借助人工智能工具，分析学生情绪数据，自动生成家校共育建议（如发现焦虑倾向时推送亲子活动方案）。

家校协同育人的核心在于建立“目标共识、责任共担、资源共用”的生态。通过制度设计破解结构性矛盾，以技术创新提升协作效率，最终实现“1+1>2”的育人效果。

陶继新 需要说明的是，家长会是家校共育的一种有效形式，但并非唯一形式。我采访过40多位名班主任，他们在家校共育方面都有独特的“妙招”。不过，不要忘了陶行知先生的经典名言：“真教育是心心相印的活动，唯独从心里发出来，才能打动心灵的深处。”班主任只有与家长们心心相印，才能构建真正意义上的家校共育的精神大厦。

樊兴举 李凤遐：从不向家长告状的班主任

我当班主任，曾经做过一个调查：学生最反感班主任做哪些事情？

学生写了很多，五花八门的，但是其中都写了最反感班主任做的一件事情：“叫家长来学校。”

所以我在班级里承诺：“今后只有两件事我要‘请家长’：1. 晚上宿舍检查就寝你没有在宿舍；2. 突发重病和打架受伤或意外伤害。除此以外其他的事情，我绝对不会请家长来学校，更不会向家长告状，如果为一点事情就请家长，是我这个班主任的无能。”

学生听了欢呼雀跃，高举双手：“班主任万岁！”

我郑重承诺一周后的一天，一个学生因为一点小事和同学打起来了，把对方鼻子打出血了。

我安慰了被打的学生后，把打同学的学生叫到操场上，一边散步，一边“话聊”，问他要不要请家长来学校解决打人的事情。

他说："老师，你承诺过的，学生犯错不请家长来学校的啊。"

我说："对啊，所以我想问问你，这件事情发生了，你看怎么办？"

他告诉我："我过去经常和同学打架，从小学到初中被班主任无数次'请家长'，每次回到家，先是女子（妈妈）单打，后是男子（爸爸）单打，接着男女（爸妈）混合打。可是我回到学校后仍然我行我素，因为我记恨班主任，只要和学生发生口角，就忍不住大打出手。"

他接着说："老师你那天承诺除了校园失踪和意外伤害的事叫家长，其他的事情不请家长，你要说到做到哦。"

我说："你打架的事，我一定不叫你爸爸妈妈来学校。我要说到做到。"

他说："你说到做到，我也说到做到。第一，今天我写保证书，保证不再冲动打人；第二，我要向被我打的同学赔礼道歉……"

我们击掌约定。

他后来慢慢地学会了控制自己，而且主动申请当体育委员，为班级服务。

他对我的关于自律的建议也欣然接受，学习成绩不断提升，期中考试成绩也进步了。

成绩出来了，我给他妈妈打电话。

他妈妈问："你是谁？"

我说："我是你儿子的班主任。"

没有想到，他妈妈不由自主地大喊："这个龟孙羔子，又和同学打架啦？"

我说："不是的，你儿子开学以来啊，没有和同学打架，而且当了班干部，这次期中考试成绩进步啦！”

只听见妈妈扯大嗓门喊：“我的个娘来，太阳从西边出来了哦，谢谢老师哦，学校什么时候开家长会？”

我问：“为什么着急问开家长会？”

妈妈大笑不止说：“李老师，不瞒你说，因为我儿子过去在学校经常与同学打架，我和他爸也经常被叫到学校去挨训。有的班主任有时候把我们训得像个孙子。加上孩子成绩不好，我们没有脸去开家长会。每次开家长会，我和他爸丢硬币，正面是他爸去，反面是我去。这次儿子成绩进步了，我们两口子都去……”

我也哈哈大笑不止说：“欢迎你们夫妻俩一起来开家长会，看看儿子的变化吧。”

说实话，当 30 多年的班主任，我发现中学生出现了问题，班主任或任课教师如果简单采用“喊家长来学校告状”的方法，不但不能解决问题，反而会火上浇油，甚至会造成“老师、学生、家长三败俱伤”的后果。因为有些家长不学习育儿知识，没掌握正确的和孩子沟通的方法。请这样的家长来，往往只会演化为家长对孩子恶语相向甚至拳脚相加。这样的结果，只会造成学生对老师的憎恨。

写到这里，我感同身受，有感而发：自 2002 年至今，我一直担任校长和教育局局长。我有一个不成文的规矩，那就是除了李凤遐老师那两条之外，严禁因学生犯错“请家长”。我告诫老师：“‘请家长’是我们无能的表现。孩子在学校出事你叫家长来，孩子在家不听话，家长叫你去，你去吗？再说，家长当着你面打的是学生，其实打的是你的脸。更坏的结果是，导致学生逆反而恨老师、恨家长，破罐破摔。”

第四章

学生成长在活动中

一、知行合一

1. 学生主体

陶继新 在《论学生的主体地位》一文中，顾先生深刻洞察："学生乃学习之主体，亦为教育进程之积极参与者。"当学生投身课堂讨论活动，便彻底摆脱被动吸纳知识的"容器"角色，转而以主动姿态深度介入，凭借自身知识储备与思维能力，积极剖析问题，层层拆解，发表见解，与教师、同学展开思想的深度碰撞。在你来我往、热烈交锋的讨论中，思维的火花被不断点燃，愈燃愈旺，学生对知识的理解不再停留于书本的浅表，而是深入挖掘其背后复杂的逻辑架构与深远的社会影响。如此主动参与的学习模式，赋予学生掌控知识的力量，使之真正成为知识的主人，而非被知识牵引的附庸，淋漓尽致地彰显出学生作为学习主体的能动性与创造性。

樊兴举 2014年7月26日，顾先生在《中国教育报》撰文《学生成长在活动中——我提倡"活动教育"》。文章指出："教育就是人类传承文化、创造知识、培养人才的活动，是在师生相互活动中进行的。"过去许多教育家都提倡过在活动中教育学生。如，陶行知提倡"生活教育"，强调学生要以社会和生活为学习对象，并在生活中学习。陈鹤琴则提出“活教育”，批判旧教育为“死教育”。

顾先生指出：“活动教育的教育学基础是学生主体论。教育过程必须具备三个要素，即教师、学生和教育影响（通常指教育内容）。在教师和学生的关系上，传统的教育以教师为中心，现代教育是以学生为主体。”

陶继新　在以学生为主体方面，位于山东海阳的烟台市中英文学校进行了有效的探索，在学生自主学习方面构建了一个系统的工程，而且取得了很好的效果。以下仅从其培养学生自主学习能力大环节中的预习一项粗作述说，希望读者能够从中发现自主学习的要义所在。

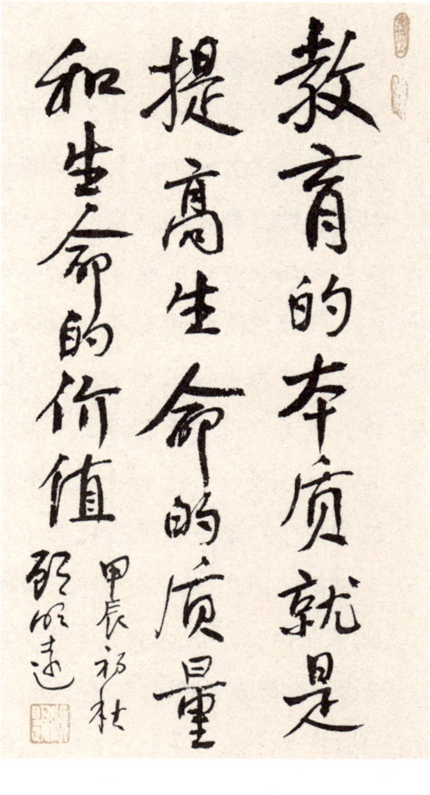

据李德强校长讲，高一入学之后，学生的学习进度非常慢，仅自主预习习惯的培养就长达两个月之久。

高一开学，在烟台市中英文学校的课堂上，教师并不上新课，而是要求学生根据自己的情况做好学科预习计划。

在这两个月里，教师即使要上新课，也是先提问学生预习了什么内容，遇到哪些问题。既然预习遇到了不会的问题，是不是教师就可以释疑解惑了呢？非也，教师还是不上新课，再拿出一节课来，让学生继续预习。

预习之后，教师再行提问。如果还是没有达到预期效果，教师仍然不讲新课，让学生继续预习。直到学生把教师要求学会的知识自己学会了，并把自己预习时解决不了的问题提出来了，方才讲授新课。

李德强校长笑着说，如此而为，从某种意义上来说是给学生一个“下马威”，让他们从进入这所学校之后，就要明白一个道理：自己不进行预习或预习不好，是绝对不会上新课的。

这一被称为“断奶期”的两个月的预习训练，让学生不但学会了预习，习惯了预习，而且从预习中生成了自主学习的能力。以后但凡遇到不会的问题，学生不是先问教师，而是自己研究，即使遇到困难，也是知难而进，自行解决问题。久而久之，他们就拥有了一种积极的信念：任何未学的知识，通过自己的探究，几乎都是可以解决的。即使遇到困难，他们也迎难而上，决不退缩，十分享受破解问题的这个过程。

学生在自学中有所突破与获得重要发现的时候，往往希望将自己的研究成果公之于众。于是，大量的展示就成了课堂上的一道独特的风景。课堂上，经常有学生充满自信地走上讲台，在黑板上挥洒自如地展示自己的研究成果。一章的内容学完之后，学生则可以对其所学知识进行系统化的总结，可以在黑板上展示，也可以张贴于墙壁之上，加之教师即时的评比和科学的评价，从而让展示者增强了自信心，充满了自豪感，并激发了其他学生进行展示的欲望。于是，“你方唱罢我登场”的良性竞争也就拉开了帷幕，每个学生的自主学习能力自然也就在这种竞争中不断提升。

学校还对某些学习特别优秀的学生授予“首席学生”的称号，让他们以专家的身份开设讲座。讲座可以开在容纳30多人的小会议室里，也可以开在容纳100多人的小礼堂里，甚至可以开在容纳1000多人的大礼堂里。讲座内容由学生自己定，可以讲学科知识、学习方法、家国情怀、理想抱负等。有的学生开设的讲座不但吸引了众多的学生，连教师也跻身其中，感受“弟子不必不如师，师不必贤于弟子”的奇观。

其实，每一个学生都有着巨大的学习潜能，尤其是当其具备了自主学习能力的时候，这种潜能更会喷薄而出，展示其“恰同学少年，风华正茂”的精神风采。

据海阳市高中教研室负责人讲，在新课堂研究中，教研室还对课堂模式进行了提炼，形成了一个问题再现、自学释疑、交流展示、归纳拓展、反馈检测的五环节模式。教师根据这一模式和具体学情，在课堂教学中既有规可依，又大大提升了学生自主学习的能力。

如果说这种自主能力的培养让学生的学习能力得到了提高的话，那么，这种能力还会迁移与发展。只要学生拥有了自主学习能力，就能在学习中更具主动性，能不断获取新知识，促进自身发展。

樊兴举 顾先生强调：“活动教育的宗旨，是让学生在活动中生动活泼主动地成长。活动教育的内涵是以学生为主体，让学生自主地参加各种活动。在活动中获取智慧、能力和技巧，在活动中体悟人生，形成正确的世界观、人生观和价值观，在活动中养成高尚的品质和宽善的人格。”

烟台市中英文学校的五环节课堂可以说是以学生为主体的成功

案例。以学生为主体的课堂主要有以下几种特点：一是项目式学习（PBL），教师通过提供资源、引导思考，指导学生探究问题，完成项目；二是辩论式课堂，教师指导学生分成正反两方，并主持学生针对不同观点的辩论，培养学生的逆向思维和批判性思维能力；三是模拟实验实践型，教师指导学生深入实验室和生活实践，体验自我实践过程；四是个性化学习，教师指导学生有计划、有目的地自主学习和探究。

以学生为主体的学习主要包含以下要素：一是要赋予学生选择课题、制订计划和评估成果的自主权；二是要有联系实验、生活、实践，解决实际问题的真实情境，如李吉林的“情境”教学；三是要有小组合作、评价、反思总结的协作与反思；四是要有辅助个性化学习的支撑；五是教师要从“知识传授者”向“问题解决的引导者、资源的提供者”转型。

陶继新　强调学生的主体地位不能局限于课堂上，还要延伸到课堂之外乃至于走出校园的一系列活动中。

顾先生在《新形势下教育本质与价值观的再思考》一文中说：“我觉得学生的课余的活动应该让学生自己去组织，小学生到了四五年级、五六年级，已经有能力组织一些活动，我们要认识他们潜在的能力，他的自主性、积极性应该说小学生也是很高的，老师做一些辅导，不要老师都去包办。”

重庆市南城巴川学校通过“揽星计划”项目式学习，让六年级学生在自主组织活动中收获了丰硕的成果。

“揽星计划”项目式学习从实施到结束分为四个阶段。

一是项目启动阶段。全年级 103 名学生经过自荐和他荐，共计产生 13 名学生认可的研究小组组长，并将研究的方向分成三个领域。

二是知识储备阶段。研究的主题要想有进一步的推进，航空航天知识的匮乏成为接下来解决问题和确定创意的重要阻碍。这该怎么办？学生说："不会不懂的，我们就自己学！"于是，纸质书、互联网、教师、父母、大学教授都成为他们求助的对象。阅读成为增加知识储备的首选路径，有字之书和无字之书都值得阅读，这一读就是一个月，为学生打开了一个神奇而又阔大的世界，也为其以后的项目化学习奠定了一定的基础。

三是实践研究阶段。4 月中旬，学生开始走进实践研究"战场"，前所未有的挑战、破解困难的智慧和一路采摘的胜利之果，让他们的生命发生了一次重要的精神裂变。

13 个小组的研究成果主要分为艺术类、绘画类、3D 建模类和概念创意类等几大类。启迪组两个小组分别精心策划与独立编排了话剧，他们借助自学的音乐软件，完成了美轮美奂的乐曲创编。奔向未来项目小组采用绘画的方式表达了自己对外太空星球的研究，根据地球生物制造了蛇、穿山甲、鸟等仿生的外太空探测器，让仿生探测器替代人类完成不同星球地表的生态环境探索。学生文香凝所在小组的研究内容是光合作用氢氧制作器，他们研究蓝藻的生存环境，经历了一次次的失败后，最终决定以 3D 打印的方式完成光合作用氢氧制作器的概念设计，他们以三维立体动态的演示让观者立刻明白了他们在外太空让人类呼吸到新鲜氧气的创意。

四是分享复盘阶段。各小组将自己历经三个月的研究过程以"小组展区"的形式进行展览，让观看的教师和家长看懂、听懂他们做了怎样的研究，经历了怎样的波折，破解了什么困难，取得了什么成果，有了什么感受和收获，以及有了怎样的成长。

在这次项目式学习中，教师无条件地信任学生，即使他们困难重重、举步维艰，也只是通过启发和激励让学生继续探索。当学生知难而进、产出理想的研究成果时，教师也开始反思以前的教学和评价方式，自觉地从“教师教会”向“学生学会”转变。

学生说，通过这次学习，发现自己完全可以通过各种各样的途径主动获取知识，并成为主动而又独立学习的人。有的学困生也在这次项目式学习中“异军突起”，展现出非凡的能力。六年级黄宇浩在答辩时说：“我们小组的成员组合在一起的时候，我们发现自己并不比任何人差！”事实诚如他所言，他们小组设计了一艘飞船，充分考虑到在外太空运行过程中飞船的自我保护、安全运行机制，以及飞船内部人类生活空间的安全结构，不仅具有一定的科学研究价值，而且还体现了一种人文价值。

学生家长深受触动，他们说：“如果孩子只关注学习知识，而忽视培养自主探索的精神，也未必能够成为科技领域的研究型人才。这次项目汇报，让我们看到了孩子们的风采自信、合作共赢！相信他们在未来一定会在各行各业成为卓越而幸福的人！”

樊兴举 顾先生指出：“我提倡的活动教育，主张儿童成长在活动中。这里的活动既指学校课堂上的活动，也指在家庭中的活动，参加社会实践的活动。总之，是指儿童是依靠自己的活动成长的，外在的一切教育影响都是儿童成长的条件，而成长的决定因素是儿童自己的活动、自己的体验。”

杜威说，教育的目的在于使人能够继续教育自己，就像给孩子一把钥匙，让他们自己去开启知识的大门。同时，杜威还认为，失败是一种不可或缺的教育，就像小孩跌倒了让他们自己爬起来，就学会走路了。

重庆市南城巴蜀学校的“揽星计划”项目式学习，就是践行顾先生和杜威理念的很好范例。

苏霍姆林斯基强调学生的主动参与、劳动实践和情感教育。他的教育实践以学生为中心，注重通过真实活动培养学生的责任感、创造力和道德品质。以下是一些体现其教育思想的经典案例：

案例 1：自然探索与劳动实践——帕夫雷什中学的“绿色实验室”

主题：自然观察与生态责任感培养。

学生活动设计：学生参与校园农场劳动（种植小麦、果树），记录植物生长过程，撰写观察日记。在森林、田野中开展“自然探险”，收集标本并制作“自然之书”（手绘动植物特征、生态关系）。成立“护鸟小队”，冬季为鸟类搭建喂食站，研究鸟类迁徙规律。

教育理念：劳动与知识结合，通过亲身劳动理解生物学、地理学知识，培养学生对自然的热爱和责任感，反对机械灌输知识。

案例 2：集体创作——“我们的童话世界”

主题：语言表达与想象力发展。

学生活动设计：学生分组创作童话故事，将情节画成连环画或编排成短剧。在“故事之夜”中表演，邀请家长和村民观看，并通过讨论完善故事逻辑，将优秀作品汇编成班级童话集，由学生手抄并配插图。

教育理念：自由表达，鼓励学生通过艺术形式展现内心世界；集体协作，在创作中学会倾听他人观点，培养共情能力。

案例 3：社区服务——“帮助孤独的老人”

主题：道德教育与社会责任感。

学生活动设计：学生走访村庄中的孤寡老人，记录他们的生活需求（如砍柴、修补房屋）。制订每周服务计划，分组轮流为老人提供帮助。活动后撰写反思日记，讨论“如何让关怀持续而非形式化”。

教育理念：真实情境中的道德体验。通过行动培养对老人的同情心，而非空洞说教，让学生理解个人与社区的联结，培养学生的公民意识。

案例 4：手工与创造——“小小工程师工作坊”

主题：劳动技能与解决问题能力。

学生活动设计：学生利用废旧材料（木板、铁丝、布料）设计实用工具，如简易书架、鸟巢箱。在教师指导下学习使用锯子、锤子等工具，独立完成作品。举办“创意市集”，交换作品并讲解设计思路。

教育理念：手脑并用。顾先生强调，我说的活动应该是“活动加思维”，即劳动不仅是体力活动，更是创造性思维的延伸。作品要服务于真实生活的需求，避免形式化。

案例 5：情感教育——“心灵对话日”

主题：自我认知与情绪管理。

学生活动设计：每周设立固定时间，学生与教师一对一谈心，分享烦恼或快乐。通过绘画、写信等方式表达难以言说的情感。组织“友谊周”，学生匿名互相撰写鼓励纸条，强化积极人际关系。

教育理念：尊重个体情感。教育不仅是智力发展，更是心灵的滋养。教会学生用平和方式表达情绪，化解冲突。

苏霍姆林斯基教育思想的核心特征是：劳动即教育，培养孩子的责任感与创造力；自然即课堂，打破教室边界，在自然中学习科学、美学与生命意义；情感先于知识，强调道德、美感和同理心是智力发展的基础；个性化关怀，关注每个学生的独特需求，反对标准化“流水线”教育。

2. 行胜于言

陶继新 孔子曰：“诵诗三百，授之以政，不达；使于四方，不能专对。虽多，亦奚以为？”意思是说，把《诗经》三百篇背得很熟，让他处理政务，却不会办事；让他当外交使节，不能独立交涉问题；书背得很多，又有什么用呢？所以，他说：“君子耻其言而过其行。”孔子认为，君子以言过其实为耻，尤其反对多说少做，特别是只说不做。孔子并非不想说话，而是认为空说无益，身体力行、做出示范才是最重要的。

孔子第一次做官是当中都宰，当时他已经51岁了，他带着学生到了那里，下车伊始，不是夸夸其谈，而是在“行”上下功夫。他首先了解民情，发现这个地方的社会风气很不好。于是，他除了兴修水利、发展农业之外，还亲自组织他的学生们制定出一套改良风气、革除恶习的制度，并安排他们昭告四乡：每一个村都必须办学校，每一个村的青年子弟都必须入学。治理一年之后，中都发生了翻天覆地的变化，社会风气焕然一新。于是，有人把这件事情告诉了鲁定公，并说，孔子将中都治理得非常好，老百姓交口称赞，名声已经在外，如果再不提拔孔子的话，就被别的国家聘走了。于是，鲁定公旋即把他提升为司空，后来又提升为大司寇，主要职责是掌管刑法，相当于现在的司法部部长。

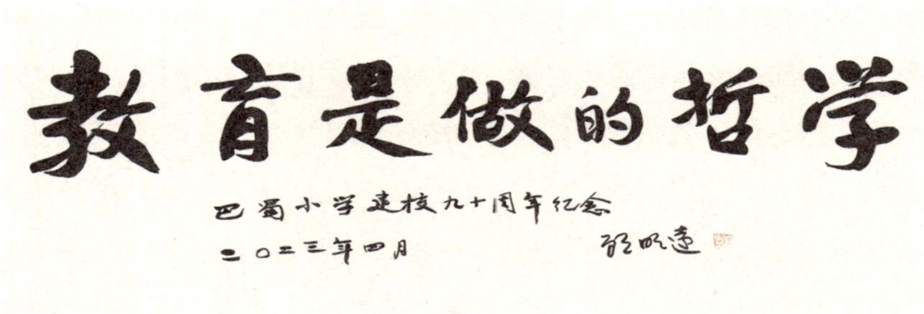

教育是做的哲学

纵观孔子的一生，是文化不断升值的一生；同时，他更是一个永远在"行"的人。无论是在鲁国为官或办学，还是周游列国，他一直在实践中行走。而且他的哲学，也不是纯思辨类的，更多的是实践哲学。因为在他看来："力行近乎仁。"没有实实在在的"行"，所有的说辞都毫无意义。

樊兴举　"力行近乎仁。"孔子是知行合一的万世师表。在有教无类的理念下，孔子身体力行，兴教办学，深得鲁定公的赏识和黎民百姓的爱戴，被后世尊为"至圣先师"。

关于活动教育的知行关系，顾先生在《中国教育报》撰文指出，活动教育的哲学基础就是实践论。人的知识是在实践中产生的。马克思主义认识论认为，人的认识过程是在主客体二者相互作用的活动过程中主体对客体的认识。教育过程也是一种认识过程，与一般认识过程不同的地方是，学生是在教师指导下进行的认识过程，但学生必须主动参与到教育活动中，并在真实实践活动中获取真正知识。顾先生的话，一言以蔽之：行胜于言。

顾先生还强调，活动教育的心理学基础是，儿童的认识过程是在实践活动中从感觉开始，通过知觉、记忆和思维活动，从现象到概念，从表面到本质，从而获得知识和能力。儿童发展需要多种感觉器官的联动。运用的器官越多，感觉事物的能力就越强。

写到这里，我很兴奋，因为我多年倡导的“五动课堂”（动眼、动耳、动口、动脑、动手）终于有了顾先生的理论支撑。我倡导的“五动课堂”，就是从实践到认识，让师生的眼、耳、口、脑、手等五个器官都动起来，并实现眼神的交流，心灵的相犀。丰富的感性认识在思维中生成理性认识，获得真知，学生在“五动课堂”中得到成长。

陶继新 顾先生之所以说“学生成长在活动中”，与孔子高度重视“行”有着异曲同工之妙。他在《教育实践与教育理论的关系》中说：“实践出真知，只有通过行动，学生才能真正理解和掌握知识。”他还说：“教育不是把篮子装满，而是把灯点亮。”这深刻揭示了行动相较于言语的重要性。其实，教育并非仅是口头上知识的灌输，更在于通过实际行动去启发、引导学生，让他们在实践中成长，恰似将灯点亮，照亮前行的道路。

例如在科学实验活动里，学生通过亲手操作实验仪器，观察实验现象，得出实验结论。相较于单纯从书本上学习理论知识，这种亲身体验的方式能让学生对科学原理有更深刻的认识。

樊兴举 顾先生的这些思想，为当前新课改背景下“做中学”理念的落地提供了理论框架与实践指南，其价值在劳动教育入课、工程教育前移等政策中已持续显现。

他在 2018 年基础教育论坛演讲中强调：“人工智能时代，人类最后的竞争优势恰恰在于动手创造中培养的复合型思维。”

他在《中国教育报》撰文，在《学生成长在活动中——我提倡活动教育》一文中指出："学习是一种思维活动，学生只有在积极思维活动中才能获取知识和能力，才能把知识转化为智慧。"

顾先生的上述理念的核心是：动手实践是完整教育的根基。他批判"坐而论道"，反对灌输。他提出"知识只有在应用中才能转化为智慧"（《顾明远文集》第四卷），强调身体在参与认识发展中的建构作用，认为"指令的神经末梢连接着大脑皮层的思维火花"。在21世纪人工智能框架中，他将"实践创新"列为六大素养之一，指出动手能力包括：工具使用（物理、数学工具）、问题具象化（将抽象问题转化为操作方案）和迭代优化（实践反馈，改进方案）。

陶继新　对于"行"的重要性，我是深有体会的，更是"行"的受益者。在山东教育社工作了25年，除了在社里工作与读书之外，绝大多数时间，我多是在各地听课、采访等，还主动地策划举办了一系列的活动。

2008年退休之后，我"行"的范围更大，"行"得也更有收获。每年我都花不少时间在全国各地听课、评课、采访、讲学等。

正是有了这数十年如一日在全国三十多个省、区、市之"行"，才有了我的烙印着陶氏风格的70本著作的问世，也才有了我的幸福的生命状态。

也曾有人问我，你长年累月地"行"在全国各地，难道不苦不累吗？

我总会反问，你看我累吗？

对方摇摇头："看着你精神着呢！"

我想，之所以精神的重要原因之一就是少说，不得不说的时候再说，不把生命的能量耗费在无意义的口舌上，而是一如既往地“行”下去，这样就会精神焕发，就会硕果累累，就会终生幸福。

樊兴举 明代著名书画家董其昌在《画禅室随笔》中云：“读万卷书，行万里路，胸中脱去尘浊，自然丘壑内营，立成鄄鄂。”董其昌以此强调理论与实践结合对提升一个人境界的重要作用。

我想把董其昌的“读万卷书，行万里路”，送给数十年如一日行走在华夏大地且问世 70 余本著作的教育大家、我的恩师陶继新先生，这样再恰如其分不过了。

陶继新 “行胜于言”是一种态度，更是一种担当。我们应摒弃空谈，以切实的行动去追逐梦想、解决问题。无论是个人成长，还是社会发展，都离不开脚踏实地的行动。只有行动起来，才能将理想变为现实，在实干中创造属于自己的辉煌。

樊兴举 北师大教授张志勇指出：“单纯的知识传授、死记硬背和题海训练在 AI 时代都会荡然无存。”笔者认为，践行顾先生改革理念，要重点抓好以下几个要点：一是推进高考、中考改革。以考改促教改和学改，如，北京市率先在 2025 年推行中考改革；二是课程改革，提高中小学实践类课程占比（理科实验、劳动技术、项目式学习等），推行“过程性实践档案”评价体系重构，记录学生从设计草图到成品迭代的全周期；三是创新学科及跨学科实践教学模式；四是破解“重脑轻手”的困境，如实践资源的配置与均衡、“双师型教师”的配备、家校协同等；五是推广典型，如北京十一学校的“创客马拉松”，浙江的“STEM 教育样态”，深圳的“城市改造师”；六是各级党政及教育部门、家长和社会高度重视，齐抓共管，构建改革和评价的有效机制，打赢教育改革的攻坚战。

3. 五育并举

陶继新 顾先生在《新时代全面发展教育的内涵与实施路径》中指出：“全面发展教育，促进学生德智体美劳五育并举。”他认为，活动是实现“五育并举”的重要载体。主题班会、社区志愿服务等德育活动，引导学生树立正确价值观，塑造良好品德；实验操作、学科知识竞赛等智育活动，巩固学生知识基础，提升思维能力；运动会、篮球赛等体育活动，能增强学生体质，培养团队协作精神与竞争意识，促进学生的体育发展；绘画展览、音乐演出等艺术活动，可以提升学生审美能力，激发创造力，助力美育提升；校园劳动、家务劳动等劳动活动，让学生掌握劳动技能，培养良好的劳动习惯等。各类活动相互配合，全方位促进学生成长，才是实现五育融合的发展之道。

樊兴举 顾先生强调：“教育活动应促进学生的全面发展。”“五育”则是促进学生全面发展和成长的五大活动载体。关于“五育”的整体性，顾先生认为，“五育”并非孤立存在，而是相互依存、相互促进的有机整体。真正的教育应打破“五育”之间的边界壁垒，实现融合育人。他批判应试教育中“唯分数论”导致的“五育失衡”，强调教育应回归“立德树人”的本质，培养“有理想、有道德、有文化、有纪律”的全面发展人才。关于“五育”的具体实践路径，顾先生做了如下论述：

一是关于德育。顾先生指出，道德是“照亮全面发展一切方面的光源”，德育应渗透到各学科教学中，而非仅依赖独立课程。如，山东省枣庄市台儿庄区学校通过“爱满校园”主题活动，将“没有爱就没有教育”融入日常教育。

二是关于智育。顾先生强调，智育不仅是知识的积累，更应培养学生的批判性思维、创新能力和终身学习习惯。在人工智能时代，智育需结合 STEM（科学、技术、工程、数学）教育，并融入艺术（拓展为 STEAM），以培养复合型人才。

三是关于体育。顾先生赞同毛泽东同志“发展体育运动，增强人民体质”的口号，并指出：“体育不仅能提升身体素质，还能培养团队精神和坚韧品格。”如，上海市金山区通过整合校内外体育资源，如足球、曲棍球等特色项目，实现“以体育德，以体育智”。

四是关于美育。顾先生主张“美育是道德纯洁、精神丰富的源泉”。美育应通过艺术、自然、人际关系的审美体验培养高尚情操。如，山阳中学的“艺术育人”模式，将音乐、美术融入学科教学，提升学生的审美素养。

五是关于劳育。顾先生认为，劳动教育不仅是技能训练，更是价值观塑造，让学生理解“劳动创造幸福”。如，上海市金山区建立青少年实践活动中心，组织农业体验、工匠精神传承等活动，强化劳动教育的实践性。

顾先生强调，“五育”不能仅靠学校，需家庭、社会共同参与。如上海市金山区成立“家庭教育促进会”，推动家长驻校制，形成教育合力。他还呼吁建立多元评价机制，关注学生的综合素质，而非仅以考试成绩衡量教育成效。他强调，未来教育需适应科技变革，但“五育”的本质不变——仍应以“提高生命质量与价值”为核心。

陶继新 听闻曲阜圣贤学校是一个“五育并举”的典型之后，2025年3月13日，我便专程前去采访，亲身感受到了这所学校“五育并举”之美。

一是品格教育，无处不在。

学校以“立德树人，学为圣贤”为办学宗旨，其德育不仅在课堂上开展得有声有色，在其他诸多方面也放射出了精神的光芒。

比如学校所实施的圣贤中华礼仪教育，让学生有了“文质彬彬，然后君子”之美。学校有一条礼仪规定：师生之间、生生之间，早晨起床之后的第一次见面，都要行90度鞠躬礼，每次路上相遇，则要行30度点头问候礼。这一鞠躬，不仅仅是简单的礼节，更是对彼此的尊重和敬意的表达。

一日三餐之前，学生要诵读感恩天地、父母、老师、农民、同学的“感恩词”。在这个过程中，心中充满了对父母等所有为他们付出的人的感激之情，同时，也深刻体会到了粮食的来之不易，从而养成了珍惜粮食、勤俭节约的好习惯。

学校每年为入学新生举行拜师礼，学生庄重地向教师献束脩、敬茶和行拜师礼。然后，全体学生齐诵《大学》首章，希望在教师的引领下“明明德”并走向“止于至善”的精神境界。

现在，曲阜圣贤学校的中华礼仪文化教育已经深深扎根于师生的心中。他们日复一日地践行，不仅养成了良好的生活与学习习惯，更培养了恭敬之心、感恩之心和责任感。这些优秀的品质，将如同璀璨的星光，照亮着他们未来的人生道路。

二是教学智慧，高效高质。

曲阜圣贤学校的老师们不仅对现代教学方法进行学习，而且对于孔子的因材施教、启发诱导、学思结合等教学方法，以及中国第一篇教育学论著《学记》中的“道而弗牵，强而弗抑，开而弗达”等教学方法还进行了认真研究，将传统教育智慧与现代学科深度融合，精心打造出独具特色的“圣贤教学法”。

圣贤教学法是要构建一个教师乐教、学生乐学且完整而充满诗意的幸福教育体系。在自然、自主、自强的教育中让个体形成一种自觉且持续不断的内在动力，进而促进其主动参与、主动学习、主动建构、主动创新。最终实现梦想，成功成为能担当大任的国家精英。

三是体育课程，丰富多彩。

曲阜圣贤学校不仅开设了一般学校都有的体育课程，而且还引进了传统的体育课程。

空竹，这一古老的传统体育项目，已成为圣贤学校全体小学生共同学习的特色项目。校园里，随处可见学生们欢快地抖着空竹，“抬头望月”“猴子捞月”“大鹏展翅”等高难度动作层出不穷。抖空竹不仅锻炼了学生的协调性和节奏感，更让他们在欢声笑语中传承了中华民族的传统文化。中学阶段，学校推广全员武术，“八段锦”“八部金刚功”“少林拳”“长拳”“太极拳”等武术套路走进课堂。太极拳的刚柔相济，让青春期躁动的躯体领悟“过刚易折”的东方智慧；长拳的节奏韵律，让学生了解身体每一块肌肉的运动奥秘。通过学习武术，学生们不仅强健了体魄，更将“止戈为武”的智慧融入血液，成为“文明其精神，野蛮其体魄”的当代践行者。

孔子六艺课程中的射箭课程，现在已经很少有学校开设了。可圣贤学校认为，开设君子射圃课程，通过“正心、调息、执弓、发矢”的完整流程，不仅可以培养学生的专注力与责任感，还可以遵循“礼射”的标准，培养学生“射以观德”的品质。

四是艺术熏陶，涵养心性。

圣贤学校对孔子所说的“兴于诗，立于礼，成于乐”深有体悟，让学生在“游于艺”中感受艺术之美。为此，他们构建了分层书法课程体系。低年级每周设置2节硬笔书法课，着重规范学生的握笔姿势，精练基本笔画，让学生在一笔一画中感知汉字结构之美；高年级则硬笔、软笔书法并重，每周2节。书法，不仅磨炼了学生的专注力，提升了他们的审美力，更在起承转合间传承了中华文化基因，诠释着“字如其人”的精神内涵。

2024年，学校引进巴乌学习项目。巴乌作为我国优秀的民族乐器，音色优美，音乐表现力极强。通过学习巴乌，学生们的音乐与文化素养得到有效提升，乐感与节奏感不断增强，手脑协调能力、呼吸能力与肺活量也得到锻炼，自信心与表现力更是显著提高。如今，四年级的同学已经能够熟练演奏《军港之夜》《月光下的凤尾竹》等一系列名曲。悠扬的乐声在校园中回荡，为校园增添了一抹别样的艺术气息。

五是农耕园里，耕种收藏。

圣贤学校竟然拥有种植30多种水果的果园、种植25种中药材的百草园、种植四季蔬菜的农耕园，还有成片的银杏林，校园绿化率达到70%以上。在中药百草园里，射干与金银花在竹篱间舒展叶片，学生们用中药图谱，记录着草本植物在晨露中的舒展姿态。当《本草纲目》的铅字在湿润的空气中苏醒，中医药文化不再是古籍里的符号，而是指尖能触摸到的生命脉络。

农耕园的锄头在四季轮回中讲述着土地的哲学。种植时，学生们在泥泞中领悟“春种一粒粟”的期待；收获时，学生的面庞在阳光下折射出“汗滴禾下土”的回响，学生在餐桌上享用着最自然最绿色的美味。这片土地不仅是作物生长的温床，更是生命教育的天然课堂。

银杏园的金色穹顶下，生物课有了流动的注解。学生用放大镜观察扇形叶片的脉络走向，将光合作用的方程式与叶片上的气孔对应。果园里 30 多种果树，书写着“桃李不言，下自成蹊”的故事，孩子们在嫁接果枝时懂得了生命延续的奥秘。当亲手栽种的海棠果泛起红晕，课本上的植物学知识在果实糖分中自然发酵。

农耕教育在这里化作流动的活水，语文课的田园诗在真实的阡陌间获得呼吸。这些与土地相连的课堂，让教育的根系深深扎入传统文化的沃土，在新时代的阳光下生长出独特的育人生态。这片土地从不给予廉价的答案。在无数次跌倒又爬起的循环中，少年们逐渐参透力量的真谛：被锄头震裂的虎口教会他们疼痛的价值，晒热的肩头存储着太阳的能量，结出的一个个大西瓜改写了对“团结”的认知。这些少年正在从土地中获得成长的力量，这力量源源不断，生生不息……

英国 BBC 电视台、中国教育电视台、山东教育电视台、山东卫视、山东广播电台等权威媒体相继对曲阜圣贤学校进行采访报道，在社会上产生了广泛的影响。

樊兴举　中国人民大学附属中学（人大附中）作为中国基础教育的标杆学校，在“五育并举”方面进行了系统化的探索与实践，形成了具有示范性的课程体系和育人模式。以下是人大附中在“德、智、体、美、劳”五个方面的典型案例分析：

德育：一是思政课程与家校社协同育人。以立德树人为核心，学校构建了涵盖思政课程、学科德育、社会实践的德育体系。例如，在高中语文课程群中融入红色经典阅读，强化爱国主义教育。学校与家庭、社区联动，开展“校家社协同育人”项目，如，家庭教育指导课程，提升家长德育参与度。二是红色主题教育，通过“走进诺贝尔化学奖”等课程，结合科学家精神，强化学生的社会责任感和科学报国志向。

智育：分层课程与跨学科融合。一是“三层五域”课程结构。基础类课程（必修课），确保全体学生达到国家课程标准要求；拓展类课程（选修课），如“主题故事写作”“三维创意设计”等，满足个性化需求；提升类课程（荣誉课），包括大学先修课程、学科竞赛培训等，培养拔尖创新人才。二是STEM与跨学科课程。开设人工智能、航空航天等跨学科课程群，如，“RCYPT科学思维培养项目”，提高学生科学探究能力。

体育：快乐体育与竞技培养。一是模块化体育课程。学校提供武术、足球、篮球等多样化选项，推行“快乐体育”模式，提升学生运动兴趣。二是竞技体育与健康管理。学校设立体育特长生培养计划，如足球、游泳等竞技项目，部分学生入选国家队。

美育：艺术浸润与创新表达。一是“美育伴成长”计划。学校开设古典文学、传统工艺等美育课程，如，书法、民乐社团，传承中华文化。艺术组开发“戏剧英语”课程，使语言学习与表演艺术相结合。二是打造校园美育环境。新校区设计融入工业美学，如，开放式图书馆、艺术展厅，营造沉浸式美育氛围。

劳育：实践创新与职业体验。一是“1+X劳动教育生态圈”。

与山东德州合作，推广“五步十法”劳动教学模式，涵盖农业生产、公益服务等十大任务群。校内设立“生产技术”“校园服务”等劳动模块，如，学生可以参与校园绿化、3D 打印实践。二是科创与劳动融合。学校在密云机场建立劳动教育基地，学生可以体验航空模型制作、VR 飞行模拟，培养科技劳动素养。

“五育融合”的典型模式：一是跨学科项目式学习（PBL）。如，“航空科技劳动教育”，整合物理（智育）、团队协作（德育）、手工制作（劳育）、设计美学（美育）。二是“潜能教育”体系。人大附中第二分校提出“打好生命底色，实施潜能教育”，通过“五育联动”挖掘学生特长。

人大附中通过系统化课程设计、资源整合及评价改革，真正实现了“五育并举”的落地，为全国基础教育提供了可借鉴的范式。

陶继新 人们重视智育是有道理的，因为它以知识为舟，以思维作桨，助力学生驶向智慧彼岸。但教育的航道，仅靠智育难以畅行。德育如坚固船锚，让学生在知识浪潮里坚守道德底线，明辨是非善恶，心怀家国大义，以正直品格为人生奠基。体育则犹如船身龙骨，让学生拥有强健体魄，去直面风雨挑战，在拼搏奋进中磨砺意志，用汗水浇灌坚韧品格。美育则是那有着绚丽之美的船帆，赋予学生感知美、创造美的能力，让他们在日常生活和学习中发现诗意，从而感悟生命的审美价值。劳动教育则是可靠的舵手，引导学生通过双手实践，理解劳动价值，学会创造财富，于劳作中体悟生活真谛。“五育”彼此交融、相辅相成，才能培养出既有聪慧头脑、高尚品德，又具健康体魄、审美情趣与实干精神的新时代复合型人才。

二、活动缺失

1. 知多行少

陶继新 顾先生在《反思当前教育的问题与对策》一文中说："部分学生在学校接受大量知识灌输，但缺乏实践机会，导致知识与行动脱节。"

顾先生之言，反映了目前的教育教学中一个"知多行少"的问题。以数学学科为例，学生在课堂上学习了诸多数学公式和解题方法，然而在实际生活中，遇到需要运用数学知识解决的问题，如家庭理财规划、装修面积计算等，却不知如何下手。这是因为他们缺乏将数学知识应用于实际生活的活动经验，只是机械地记忆知识，没有真正理解知识的实际用途，造成了理论与实践的断裂。

纸上得来终觉浅，唯有付诸实践，知识才能从抽象变得具体，从理论走向现实。在践行过程中，尽管会遭遇新问题，却可以加深对知识的理解，推动认知的深化。科学家提出假设是"知"，开展反复实验验证假设便是"行"，正是在这知行交替中，真理才得以诞生。

樊兴举 针对应试背景下教育教学"知多行少"的"填鸭式"顽疾，顾先生提出过许多深刻的见解。比如，他认为，教育的核心在于培养学生的思维。课堂是实现这一目的的最佳场所。课堂的本质是提高生命的质量，提升生命的价值。针对重知轻行、知多行少的疲劳战、题海战、排名战的“纸上练兵”，顾先生认为：课堂既不是“知识灌输”的场所，又不是“应试训练”的舞台，也不是“教师独白”的表演，更不是“千篇一律”的范式与“脱离生活”的“沉默封闭空间”，而是启发、互动、个性化、开放、动手、动脑的教学相长的探究室。

陶继新 一名高二学生小张，就读于一所升学率较高的重点高中，学校秉持“成绩至上”的教育理念，每天的时间几乎都被语文、数学、英语等文化课填满，留给学生自主活动的时间少之又少。小张的父母也深受应试教育的影响，认为只要孩子抓紧时间学习，考上一所好大学，便是走向成功之路了。小张在学校和家庭双向影响下，也认为考上理想大学，是其高中的奋斗目标。他在课堂上认真听课，对各种知识点的掌握也比较扎实，在考试中常常能取得不错的成绩。然而，当遇到一些需要实际应用知识来解决问题的题目时，他却往往显得束手无策。例如，在物理实验考试中，虽然他将实验原理和步骤背得滚瓜烂熟，但在实际操作时，却因为缺乏动手实践经验，总是手忙脚乱，不是忘记连接电路的某个部件，就是在操作过程中出现失误，导致实验结果不准确。在写作文时，由于缺乏生活体验，写起来无话可说，即使编造，也是内容空洞，缺乏生动的事例和真实的情感。

小张在人际交往方面也存在问题，他不知道如何与他人沟通和合作，在小组讨论或团队活动中，总是显得很被动，不知道如何表达自己的观点，也不善于倾听他人的意见，很难与同学们形成良好的合作关系。在生活自理能力方面，他也表现得比较欠缺。比如，在学校组织的一次户外实践活动中，他连简单的帐篷都搭建不起来，而其他经常参加户外活动的同学则能够迅速完成。

小张认为只要学好书本知识，在高考时就可以金榜题名。遗憾的是，他的高考成绩并不理想，并没有升入他和家长梦寐以求的985大学。为此，他十分沮丧，乃至走进大学之后，依然一蹶不振。最终，他成了全班公认的“差生”。大学毕业后，他也几乎是一事无成，因为步入社会这个实践天地后，就更需要“行”了。

其实，即使小张考上985大学，如果一味地在追求知识这一条道上行走的话，步入社会后也不可能一帆风顺，更不可能取得很大的成就。

樊兴举 在应试教育背景下，小张这种“高分低能”的现象已引发社会的广泛关注。应试教育培养的“做题家”缺乏创新、抗压和职场适应能力。部分优秀的高中生进入大学后失去目标，表现出社交障碍、创造力匮乏，陷入迷茫，进而沉迷“躺平”。部分考研高分学生进入实验室后，表现出较差的科研能力，如，缺乏创新思维和抗压能力。导师往往反馈：“只会考试，不会研究。”

我认为，过度应试可能会导致忽视情商、实践和创新能力培养，影响学生的全面发展，会出现一部分高分低能的“书呆子”。针对这一问题，要认真践行顾先生的“教育四句”，平衡分数与素质权重，落实以学生为主体，坚持“五育并举”，加强个性化教育、社会实践、心理健康支持，提升学生的综合素质和核心素养。

陶继新 丰富的知识若璀璨星辰，为我们照亮前行的路径；可如果仅仅止步于知晓一端，不将其转化为行动，知识便会成为空中楼阁，华而不实。大量信息在脑海堆积，却无法落地生根，导致思维的混乱与迷茫，让人看似博闻强识，实则难以在现实中找准方向。

从社会层面看，个体“知多行少”的积弊，会拖慢社会进步的步伐。诸多先进理念、高效方法，因无人践行，无法转化为推动社会发展的生产力。比如环保知识人人皆知，可垃圾分类执行不力，绿色发展理念就难以真正落地，生态环境改善便会受阻。要破除这一困境，首先须树立坚定的信念，将认知内化为强烈的行动意愿，以“咬定青山不放松”的执着，让想法迈出付诸实践的第一步。同时，制定清晰的计划，把宏大目标拆解为阶段性小任务，按部就班推进，避免因目标遥远而畏缩不前。再者，建立有效的监督机制，借助外界力量督促自己，确保行动持续推进。只有如此，才能摆脱“知多行少”的桎梏，在知行合一中实现个人成长与社会进步的双赢。

樊兴举 顾先生长期倡导“知行合一”的教育理念，认为教育的根本目的是培养学生的思维能力和实践能力，而不仅仅是灌输知识。他推崇研学旅行，但他提出“研学旅行不是‘春秋游’，也不是课堂‘搬家’，而是让学生在真实的社会环境中学习、体验和成长”。

在信息爆炸的时代，顾先生的“知行合一”教育理念尤为重要。他提醒教育者，真正的智慧在于将知识转化为行动，而非停留在理论层面。

顾先生的提醒对 AI 时代的到来意义重大。古人说：尽信书不如无书。同样，尽信 AI，不如无 AI。因为 AI 不仅会撒谎，会产生幻觉，会一本正经地胡说八道，还会传递充满偏见的信息，且会利用算法精心编织信息茧房。所以，对知识和信息的质疑力和批判性思维显得更加重要。日心说战胜地心说，进化论战胜神学论，相对论挑战经典物理学，都证明了实践是检验真理的唯一标准。

空谈误国，实干兴邦。根治“重知轻行”的教育顽疾，需要各级党政及教育系统、家长、社会的统一思想和联动改革。核心是通过政策的驱动，课程、教学尤其是招生评价改革的联动，不断转变教和学的传统思维和路径依赖，让学生从“被动接受书本知识”转向“主动体验和应用知识”，实现“知行合一”的教育目标。芬兰的中小学课程中 40% 的内容为“现象式教学”，学生通过跨学科项目解决真实问题。中国通过“双减”为学生腾出时间参与体、艺、劳、实验、实践活动，这是有效的举措。

2. 自主不足

陶继新　面对目前有些学生自主性不足的问题，顾先生有如此一段精辟的论述：“我觉得鲁迅讲的要解放孩子，到今天还是要讲解放孩子，从被动的学习、从所有的负担、从教育的竞争里解放出来，让孩子们主动活泼地成长。”

此言妙哉！

学生不应当是被动的学习者，而应当是主动活泼的成长者！

樊兴举　顾先生的话语重心长，耐人寻味。从鲁迅先生的“解放孩子”到今天的“解放孩子”，弹指百年。孩子的时间在学校被老师占据，课后被家长和培训机构绑架，孩子哪有自主时间？解决教育内卷，真正“解放孩子”，已是当务之急。

陶继新 学生自主性不足至少有以下三个弊端。

一是思维受限，创新力匮乏。

在一些中小学课堂上，老师为了应对频繁的考试，采用“满堂灌”的教学方式，学生自主学习时间被严重压缩。比如，老师让学生用很短的时间“浏览”一下当天所学内容，就急于开始讲解。学生囫囵吞枣地看了一遍课文，还没来得及深入思考，老师就讲完了。下一堂课又换成了其他学科，每一个科目都是浅尝辄止，导致学生知识掌握不扎实，问题越积越多。

而这样的学生遇到新问题、新情境时，他们往往因缺乏自主探索的经验，难以灵活运用知识，创新性地提出解决方案。例如在一次科技创新大赛筹备中，某班学生面对设计新型环保小器具的任务，多数学生显得手足无措。他们虽已学习了相关的物理、化学知识，却不知从何处着手将知识转化为实际创意。原因在于日常学习中，他们习惯了跟随教师的思路解题，自主思考与实践机会极少，思维的活跃度和创新能力未得到充分激发。

二是学习动力衰减，兴趣缺失。

自主性不足使得学生难以在学习中获得真正的掌控感和成就感。学习对他们而言，更多是外界强加的任务，而非源于内心的追求。长此以往，学习的动力逐渐衰减，对知识的兴趣也日益淡薄。以语文阅读为例，有的教师为提高学生成绩，将文章拆解为琐碎的知识点，要求学生死记硬背答题套路。学生在这样的学习过程中，无法自主品味文章的内涵与美感，阅读变得枯燥乏味。原本对文学充满好奇的学生，也有可能渐渐失去阅读的热情，甚至产生抵触情绪，成绩也并未因机械训练而显著提升。

三是社会适应能力薄弱。

自主性不足的学生在学习中往往依赖教师和家长的安排与指导，缺乏自主规划和解决问题的能力。当步入新的环境时，便难以快速适应。比如有的学生进入大学后，面对自主安排学习时间、选择社团活动、处理人际关系等问题，表现出明显不适应。因为他们在高中时一心扑在学习上，所有事务由家长和老师包办，缺乏自主决策和独立生活的锻炼，导致在大学这个相对自由、需要高度自主能力的环境中陷入迷茫与困境。

樊兴举 顾先生对自主学习不足问题有深刻的见解。他认为，自主学习能力是学生成长的核心素养之一，而自主学习不足会带来多方面的危害，主要体现在以下五个方面：

一是思维能力的弱化。顾先生强调，教育的本质是培养思维，而自主学习是发展批判性思维、创造性思维的关键。如果学生长期依赖被动接受知识，缺乏自主探究和独立思考，会导致思维惰性，习惯于等待教师讲解标准答案，缺乏主动分析和解决问题的能力。过度依赖应试训练，将难以适应未来社会对创新人才的需求。

二是学习兴趣与动力的丧失。顾先生提出，“没有兴趣就没有学习”。自主学习不足会导致学习被动化，学生被作业和考试驱动，而非内在求知欲，容易产生厌学情绪。学生会缺乏持久学习能力，在高中或高等教育或终身学习阶段，难以适应自主学习模式，影响个人发展。

三是社会适应能力不足，依赖性强。习惯于教师安排学习任务，进入社会后会难以自主规划职业发展。实践能力欠缺，课堂知识无法有效迁移到现实问题之中，会影响就业竞争力。

四是诱发心理健康问题，如焦虑与挫败感。长期被动学习可能导致自我效能感低下，面对挑战时容易放弃。社交能力受限，缺乏自主探索和合作学习的机会，会影响团队协作能力的培养。

五是教育公平的隐忧。顾先生指出，自主学习能力不足会加剧教育分层。家庭经济条件好的学生可通过课外辅导弥补不足，而与一般家庭学生差距进一步拉大；农村地区学生若缺乏自主学习能力，更难适应信息化学习环境下的学业竞争。

陶继新　那么，如何解决学生自主性不足这一问题呢？

一是转变教育观念，营造自主氛围。

教师和家长应深刻认识到培养学生自主性能力的重要性，摒弃传统的包办式教育观念。教师在课堂教学中，要给予学生更多自主思考、自主探索的空间，鼓励学生质疑提问，引导学生自主解决问题。家长要适当放手，让学生参与家庭事务的决策与管理，培养学生的自主意识和责任感。学校可以通过开展主题班会、家长会等活动，宣传自主教育理念，营造鼓励学生自主发展的校园文化和家庭氛围。

二是优化课程设置，丰富活动形式。

学校除了传统的学科课程外，还应当开设项目式学习课程、综合实践活动课程、社团活动课程等多样化的课程。在课程设计上，要注重以学生为中心，根据学生的兴趣和需求设置课程内容，让学生在丰富多样的活动中提升自主能力。例如，在科学课程中融入实验探究活动，在艺术课程中组织学生自主创作展览等，激发学生的学习兴趣和主动性。

三是加强教师培训，提升指导能力。

教师是学生自主学习的引导者和促进者，所以，学校应加强对教师的培训，让教师掌握先进的教育教学方法，如项目式学习指导策略、小组合作学习组织技巧等。学生在参与活动时，教师不是越俎代庖，而是学生遇到确实解决不了的问题时，才点石成金地予以点拨，更多地让学生自主地破解遇到的问题，进而提升自主学习和实践能力。

学生自主性不足的弊端严重制约着学生的全面发展，而顾先生“学生成长在活动中”的论点为我们指明了方向。通过开展丰富多样的活动，激发学生的自主意识和创新精神，提升学生的实践能力和社会适应能力，是破解学生自主性不足困境的有效路径。

樊兴举　如何解决学生自主学习和实践活动的不足，保障学生身心健康，培养拔尖创新型人才呢？

从大的方面讲，这些问题已越来越引起党和国家的高度重视，在“立德树人”“五育并举”大政方针下，国家先后出台了“双减”、“双休”、限时作息和保障体育锻炼时间等一系列强制性措施。随着国家改革措施的不断落地，这些问题会逐步得到解决。

顾先生认为，解决学生自主性不足的问题，需要从教育理念、教学方法、评价体系和社会环境等多方面综合施策。核心在于尊重学生的主体性，激发其内在的学习动力，并通过教育改革和社会协调，为学生创造更加自由、更加开放的成长空间。

顾先生关于解决学生自主不足的思想，对当前的“双减”“双休”及新的教育改革和中国未来教育的发展具有重要的指导意义。

3. 五育失衡

陶继新 德智体美劳全面发展，是学生走向美好未来的奠基工程。然而，当下教育领域却呈现出一种失衡之态，智育被过度追捧，仿若独占鳌头的“明星”，而德育、体育、美育和劳育则不同程度地遭受冷遇，陷入被忽视的困境。这种偏颇不仅偏离了全面育人的教育初衷，更对学生的长远发展产生了诸多负面影响。

樊兴举 “五育并举”是党和国家对于马克思“人的全面发展”理论的具体运用，也是对应试教育背景下“五育失衡”的全面矫正。

顾先生指出，过度注重学业成绩（智育），而德、体、美、劳四方面发展不足，会导致学生综合素养薄弱，难以适应未来社会的需求。顾先生呼吁：教育要回归育人本质，通过“五育并举”培养“完整的人”——具备全球视野、创新能力、人文关怀和社会责任感。他强调，在人工智能时代，仅靠知识记忆无法适应未来，全面发展才是应对“不确定性”的关键。

苏霍姆林斯基认为，当教育扎根于生活、自然和情感时，学生才能成为学习的主人。老师应该成为学生全面发展的“精神导师”，而非知识的“搬运工”。

陶继新 研究“五育失衡”这一现象，对探寻解决之策，无疑是一种寻根问源之策。智育有余，其他四育严重不足。

一是德育失位的隐患。

有的学校课程表上的信息成为这种失衡的直观体现：主科课程

如语文、数学、英语的课时被大量安排，常常占据学生大部分的在校时间。而德育课程，如思想品德课，虽然名义上有固定课时，但在实际教学中，却频繁被主科“侵占”。临近考试时，思想品德课往往成为最先被牺牲的对象，用来给主科复习让路。结果，有的学生缺乏基本的道德认知和行为规范。在校园中，不尊重师长的现象时有发生，同学之间相处也常因一点小事而争吵、打架。在社会生活中，一些学生不遵守公共秩序，在公共场所大声喧哗、随地吐痰、乱扔垃圾。在家庭中，以自我为中心，不懂得关心父母，不承担家务劳动。

从长远来看，缺乏良好德育的学生在未来的社会生活中可能会面临诸多问题，他们很难建立和谐的人际关系，在工作中缺乏团队合作的精神和责任感，甚至可能会因为道德底线的缺失而走上违法犯罪的道路。因此，重视德育，让德育回归教育的核心地位刻不容缓。

樊兴举　顾先生多次强调，若德育缺失或弱化，不仅会影响个体成长，更会引发社会性危机。

一是个体层面。德育缺失容易导致学生以自我为中心，缺乏集体意识和社会责任感，难以形成“天下兴亡，匹夫有责”的价值观和担当精神。部分高学历人才追求个人利益最大化，却忽视对社会的回馈，甚至出现学术造假、金融欺诈等行为。德育缺失也会导致道德判断力薄弱。在信息爆炸时代，缺乏德育引导的学生容易被极端思想、网络暴力、消费主义等裹挟，丧失独立思考能力。“键盘侠”跟风攻击、校园霸凌事件频发，均与道德教育不足相关。德育缺失还会导致心理健康问题加剧。顾先生指出，德育与心理健康密切相关。缺乏情感教育（如感恩、同理心）的学生更易陷入抑郁、焦虑或冷漠状态。

二是教育层面。功利化与畸形竞争，“唯分数论”加剧内卷。德育被边缘化后，教育沦为“提分工具”，学生为成绩不择手段（如作弊、恶意竞争），背离了教育的本质。顾先生批评：“将竞争引入学习，会滋生妒忌而非合作。”德育缺失，智育创新能力会被扼杀，培养出的人可能是“精致的利己主义者”。他们擅长应试，却缺乏探索真理的勇气和批判性思维。

顾先生曾警示，“没有德育的教育，等于没有灵魂的肉体”。德育缺失的隐患不仅关乎教育问题，更关乎民族未来的生存问题。

陶继新 二是体育被忽视的后果。

按照国家规定，中小学每周应保证一定的体育课时，但现实中，一些学校为了追求升学率，随意削减体育课时间。有的学校甚至将体育课集中安排在一周中的某一天，美其名曰“体育日”，而其他时间则被主科课程填满。

近年来，学生的身体素质指标呈现下滑趋势。相关数据显示，青少年的近视率不断攀升，肥胖率也居高不下。许多学生的耐力、力量、速度等身体素质明显不足，在学校组织的体育测试中，达标率较低。在某地区的中学生体质健康测试中，800 米（女生）和 1000 米（男生）的达标率仅为 60%，引体向上（男生）的达标率更是不足 30%。学生们在体育课上稍微运动一下就气喘吁吁，甚至跑步晕倒的情况也时有发生。

顾先生忧心忡忡地说：“学生整天埋头于作业，睡眠不足，又缺乏锻炼，体力下降。有一位校长告诉我，有的高中学生，单杠引体向上做不了几个，跑步会昏倒。学生承担着沉重的心理压力，学习缺乏兴趣，被动学习，不仅效率不高，而且会形成扭曲的心理，把学习作为竞争的手段，把同学作为竞争的对手，缺乏抗挫折的能力。”

顾先生说得太有道理了！

长期缺乏体育锻炼的学生，容易产生焦虑、抑郁等心理问题。他们在面对学习和生活中的困难时，往往缺乏坚韧不拔的毅力和抗压能力。一些学生因为学习压力大，又没有合适的宣泄途径，出现了厌学、逃学等现象。

此外，忽视体育也不利于培养学生的团队合作精神、竞争意识和规则意识。在体育比赛中，学生们通过团队协作争取胜利，学会尊重对手和裁判，遵守比赛规则。而这些品质对于学生未来的职业发展和社会生活都至关重要。

樊兴举　顾先生长期关注学校体育的发展，并多次指出当前学校体育存在的不足及其深层原因。现概括如下：

体育被应试教育边缘化，沦为“副科”，重智轻体现象严重。顾先生指出，当前教育体系过度强调“智育”，体育、美育等被忽视，许多学校为追求升学率，挤占体育课时间，甚至取消体育活动。体育课流于形式。不少学校的体育课缺乏系统性训练，仅以自由活动或简单游戏应付，未能真正发挥增强体质、培养意志的作用。

体育评价体系异化，偏离“健康第一”宗旨，存在应试化倾向。顾先生反对将体育纳入高考，认为这会导致体育教学变成“应试训练”，而非真正提升学生健康水平。现行的体育测试往往只关注少数项目（如跑步、跳远），忽视学生的个体差异和兴趣培养，导致部分学生因先天条件不足而失去锻炼机会。城乡体育资源差距显著。乡村学校普遍缺乏专业体育场地、器材，甚至没有专职体育教师，体育课由文化课教师兼任，教学质量难以保障。顾先生强调，体育教师的专业素养会直接影响体育教育质量，但许多地区（尤其是农村）体育教师数量不足，且缺乏培训机会。

体育文化缺失，社会认知偏差。以竞技体育为主导，忽视大众体育。顾先生批评当前社会对体育的理解过于狭隘，仅关注竞技成绩（如奥运金牌），而忽视体育的本质是“健全身心之教育”。家长观念落后。部分家长认为“体育无用”，甚至反对孩子参与体育活动，担心影响文化课学习，导致学生锻炼意愿低下。体育与德育、智育割裂，未能发挥综合育人功能。体育的育人价值被低估。顾先生主张，体育不仅能锻炼身体，还可以培养学生的“责任心、进取精神、团队合作能力”。但目前学校体育往往仅关注体能训练，忽视了心理健康和社会适应能力的培养。

顾先生对学校体育不足的分析，直指当前教育体系的深层矛盾——功利化倾向导致体育被边缘化。

陶继新 三是美育缺失的遗憾。

美术、音乐课等美育课程被有的学校和老师视为“副科”，在教学资源分配、师资配备等方面都处于劣势。专业的美术、音乐教室数量不足，教学器材也十分简陋，一些学校甚至没有专门的艺术教师，而是由其他学科教师兼任。

有的学校很少举办各类艺术展览、音乐会、戏剧表演等活动，即便有，参与的学生也寥寥无几。学生缺乏展示艺术才华的平台，艺术兴趣得不到培养和激发。一些学校的文艺社团因缺乏资金和指导教师，活动难以正常开展，最终形同虚设。

于是，许多学生缺乏基本的审美能力，对艺术作品的欣赏仅停留在表面，无法领略其中蕴含的深层内涵和美感。在他们眼中，美仅仅是外在的、物质的，如漂亮的衣服、精美的饰品等，而对于文学、音乐、绘画等艺术形式所展现的精神之美，却知之甚少。

长期处于缺乏美育的环境中，学生的思维会变得僵化，创造力和想象力会受到抑制。在科技创新活动中，那些具有良好审美素养的学生往往能够提出更具创意的想法和设计，而美育缺失的学生则在创新方面表现乏力。

樊兴举　顾先生长期关注美育在教育体系中的地位与实施情况，并多次指出当前美育教育存在的核心问题。如，课程地位低下，被视为“副科”或选修课，课时占比约为8%，远低于发达国家；教学内容传统单一，与学科融合不足。再如，师资薄弱，城乡差距巨大，农村几乎无专业教师且缺乏专业培训。还如，很多学校艺术教育课程若有若无，很多初、高中学校的美、音教育更以专业生升学为主等等。

学校艺术教育的缺失，导致了顾先生强调的艺术教育“超越技能，回归心灵”的育人功能丧失，学生既不是“艺术匠人”，更不是“审美的人”。正如顾先生所言：“没有艺术的教育，如同没有花园的春天。”

陶继新　四是劳动教育边缘化的影响。

有的学校的劳动教育近乎“销声匿迹”，劳动课程被边缘化，缺乏相应的劳动工具和实践基地，偶尔组织劳动活动，也只是简单的校园卫生打扫，缺乏系统性和专业性。有的学校即便开设了劳动课，也多以理论教学为主，缺乏实际操作环节。学生们在课堂上学习劳动知识，却很少有机会亲身体验劳动的过程。一些学校为了避免学生在劳动中受伤，干脆取消了所有具有一定风险的劳动实践项目。

有的家长对孩子过度溺爱，不舍得让孩子参与家务劳动。许多孩子衣来伸手、饭来张口，缺乏基本的生活自理能力。一些家长认为，孩子的主要任务是学习，劳动会耽误学习时间，这种错误观念导致孩子劳动意识缺失。有调查显示，在一些城市中，超过 70% 的孩子从不参与家务劳动。

劳动教育的缺失，使学生无法体会到劳动的价值和意义，难以培养吃苦耐劳的精神和责任感。他们不懂得珍惜劳动成果，浪费现象严重。在未来的生活和工作中，这些学生可能会因为缺乏劳动技能和劳动习惯，而难以适应社会的需求。

樊兴举 顾先生认为，劳动教育不仅是技能训练，而且是“劳动、生产、技术和劳动素养方面的教育”，其核心在于培养正确的劳动观念、劳动态度和劳动习惯。劳动能够促进“树德、增智、强体、育美”四育的发展，是贯通五育的枢纽工程。

当前劳动教育的主要问题是，课程被边缘化和形式化，有名无实；几乎所有学校均无专业老师，不开劳动课；家庭、社会认识不足；学生劳动意识和价值观普遍缺失，劳动技能几乎空白，有的孩子甚至连自理能力都远远不足。

4. 身心疲惫

陶继新 丰富多元的活动本应是学生成长的阳光雨露，如今却严重缺失，使得校园生活变得单调压抑，深刻影响着学生的身心健康与全面发展。

近年来，青少年近视率持续攀升，肥胖问题日益突出。据国家卫生健康委发布的数据，2024 年全国儿童青少年总体近视率为 53.6%，初中生近视率高达 71.6%。在某中学体检中，发现近三分之一的学生体重超标，心肺功能、耐力等身体素质指标明显低于正常水平。巨大的学习压力与活动匮乏导致学生心理问题频发，焦虑、抑郁情绪在学生群体中蔓延，一些学生因无法承受学习压力，产生厌学情绪。

2024 年，某地区教育部门对辖区内中学生心理健康状况进行调查，结果显示，约 20% 的学生存在不同程度的焦虑症状，10% 的学生有抑郁倾向。

为此，顾先生在《关注学生身心健康，推进教育改革》一文中尖锐地指出："学生在高压的学习环境下，缺乏足够的休息和放松活动，身心健康受到威胁。"

樊兴举 顾先生指出，学生长期伏案学习，缺乏锻炼会导致体质下降。他举例说，部分高中生"单杠引体向上都做不了几个，跑步有时会晕倒"。肥胖症、近视眼、高血压、糖尿病严重低龄化。电子产品综合征、心理健康已成为学生健康的两个最大问题。

顾先生强调，健康是教育的基石，没有身心健康，一切学业都会失去意义。

陶继新 要想让学生拥有“开放的心态，健全的人格”，教育部门就必须构建多元化评价机制，降低升学考试成绩在评价体系中的比重，将学生的综合素质，包括品德发展、身心健康、艺术素养、社会实践等纳入评价范围。

对于学校，不再单纯以升学率排名，而是综合考量学校在课程建设、活动开展、学生全面发展等方面的成效。

家长也要转变观念，不是只盯着考试成绩，而是鼓励孩子参与活动，注重孩子的身心健康与兴趣培养。

我们不能让学生在重压下独自挣扎，更不能让活动的缺失成为他们成长路上的绊脚石。唯有让丰富的活动重新回归校园，减轻学生过重的学习压力，才能让学生在身心愉悦中茁壮成长，成为适应时代发展的栋梁之材。

樊兴举 顾先生呼吁，全社会都要回归教育本质，培养不仅拥有知识，更具备强健体魄、健全人格和社会适应力的“完整的人”。

如何解决学生的健康问题？顾先生强调，要建立将学生体质健康、心理素质、社会实践纳入的综合评价体系，推行“成长档案”制度，记录学生健康成长、全面发展的轨迹。要改革课程体系，增加德、体、美、劳的课时和活动占比，确保这“四育”活动的时间和投入充足。要改革招生制度，增加综合素质占比。要推广项目式学习等课程和教学方式改革，克服应试教育损害学生健康的顽疾。强化身体健康、心理健康的专题教育和实践活动。要完善学生身心健康的家庭、学校和社会的协同保障机制，尽快逆转学生身心健康危机。

三、如何改进

1. 德育重行

陶继新 顾先生在《德育实践与学生品德培养》一文中说："德育不能仅停留在理论说教，要注重实践活动，让学生在行动中养成良好品德。"

顾先生之言情真意切，很有指导意义。因为德育的终极目标是培养具有良好道德品质与行为习惯的人，使其能在社会生活中践行道德准则。而这一目标的达成，绝非仅靠理论知识的传授，更需要通过实际行动来检验和强化。学生只有在日常生活、学习型社会实践中，将所学的道德知识转化为具体行动，如主动帮助他人、积极参与公益活动、自觉遵守社会公德等，才能真正展现出德育的成效，成为符合时代需求的人才。

樊兴举 落实顾先生关于"德育实践"重要思想的首要任务是，贯彻习近平总书记的重要指示，践行社会主义核心价值观。

习近平总书记指出："加强品德教育，既有个人品德，也有社会公德、热爱祖国和人民的大德。要坚持教育引导学生培育和践行社会主义核心价值观，做到品德润身、公德善心、大德铸魂。"

习近平总书记举例说："曾有人问一位诺贝尔奖获得者：'您在哪所学校学到了最重要的东西？'他回答：'在幼儿园，我学到了不是自己的东西不要拿、做错了事要道歉'，'从根本上说，这是我一生学到的最根本的东西'。"由此，习近平总书记强调："要教育引导学生从做好小事、管好小节开始起步，踏踏实实修好品德，学会感恩、学会助人，学会谦让、学会宽容，学会自省、学会自律，成为有大爱大德大情怀的人。"由此，我想起了刘备遗诏中告诫儿子刘禅的那句话："勿以恶小而为之，勿以善小而不为。"如果家长、老师在孩子从小的德育养成中都能做到这一点，何愁扣不好人生的"第一粒扣子"。

做好立德树人，还要弘扬优秀的中华传统教育文化，如："大学之道，在明明德，在亲民，在止于至善。"实践这一道德目标，要做到"格物、致知、诚意、正心、修身、齐家、治国、平天下"。做学问要"博学之，审问之，慎思之，明辨之，笃行之"。

陶继新 当学生参与道德实践活动时，他们会在真实情境中面临各种道德选择和挑战。这种亲身体验能让学生更加深刻地理解道德原则和规范的内涵与价值。

黑龙江省五常市第一中学初中班主任齐崇，便是一个德育重行的典型，她很少给学生讲大道理，更多的是带领学生在德育实践中，培养他们的吃苦精神和仁爱之心。

从2013年1月起，每年寒暑假齐老师都带动学生、家长、同事一起做义工，先后加入者达400多人。通过寒假义卖春联、暑假义卖紫菜包饭等活动，他们集善款81 500多元，用于资助贫困学生、残障人士、福利院的孩子和抗战老兵等。囿于篇幅，仅就其义卖春联的情况略述如下。

虽然孩子们对义卖活动感到新奇，至于如何义卖，却是一无所知。所以，义卖之前的准备工作是必不可少的。备货是首要任务，为了降低成本，进货时要货比三家。同时，进货不能过于单一，除春联之外，福字、挂件等多达五十多样，以适用于不同客户的需求。批发来的成品灯笼成本相对较高，他们便购入大量散件进行组装。晚上义卖回来，齐老师就和孩子们坐在她家地板上拼装灯笼，这样，每个灯笼成本降低了1元钱，收入自然水涨船高。

义卖不能现买现卖，要有一定的存货，为此，每天至少三次进货。孩子们将大箱小箱的春联等分批运到齐老师家里，分门别类地摆在地板上，在相应位置贴上价签，并在心形便利贴上写好新年祝福语，贴在每份春联的外包装上，以便让购买者感受到助人为乐的幸福。

可真正进入“实战”阶段，一些学生的表现并不尽如人意，其中的成败与甘苦，是孩子们始料不及而又受益匪浅的。

有的学生来到商铺，见到老板后恭恭敬敬地问道：“老板好！请问您买春联吗？”结果，老板头也不抬，只说了“不买”两个字，便去忙生意了。学生很是扫兴，继续来到其他几家商铺，结果全是无功而返。

齐老师听闻此事，便联系各组组长，循循善诱地告诉他们，老板忙碌，无暇购买春联，不买当在情理之中。所以，再去义卖的时候，尽可能地瞅准老板不是特别忙的时候，微笑着问好之后，再恭敬谦卑地对他们说，我们是一中的学生，通过义卖把赚到的钱捐助给需要帮助的人；然后再对他们说，我们的春联既好又便宜，还送货上门，希望老板能够喜欢。相信每个人都有恻隐之心，见你们为了奉献爱心而冒着严寒义卖，他们一定会心生怜悯，并购买春联。如果他们买了你们的春联，不要忘了“得寸进尺”地再对他们说，你们商店里张贴这样的大春联很好，如果家中还需要，可以买小一点的，同样物美价廉。还可以说，还有一些挂件，老板如果喜欢，也可以买一些。临走的时候，不要忘了说：“谢谢老板的爱心！祝老板生意兴隆，万事如意！”这样，不但生意做成了，老板还很高兴。

接着，组长根据齐老师的指导，召集组员们如法炮制地进行现场培训之后，孩子们再次行动，乘兴而去，满载而归，没有了先前的灰心丧气，充满了成功的喜悦和自信。

齐老师认为，正像学习游泳一样，喝几口水不可怕，只要不断地在水中锻炼，最终一定能学会游泳。

五常一中的孩子们，在齐老师的引领下，不但学会了义卖，增加了“收入”，也充满了自信，更有了爱心。

2019 年寒假之前，齐老师像往年一样，和学生约定，春节之前，继续义卖春联，而且预定目标是营业额达到 10 000 元。齐老师要求学生提前主动联系包括亲戚朋友在内的所有客户，以期取得更好的义卖成绩。

遗憾的是，这一年尽管很努力，每天的销售额却不多，实践过程中，齐老师认为，四天的营业额达到 8000 元很有难度。

一大早，学生抬着装满货品的箱子从齐老师家走出去的时候，齐老师大声地说：“大家加油，争取今年的营业额突破 10 000 元！”孩子们大声回应着说：“齐老师，请放心，我们都会尽力的！”

学生走街串巷去义卖，齐老师则在学校门口摆摊，并协助学生进货送货。

义卖的最后一天晚上，算完账后，总收入只有7000多元，比预计少了3000元。

齐老师非常伤心，泪水不由自主夺眶而出。有的学生看了心疼老师，劝她不要太过伤心，他们决定再多卖一天。

这一天，齐老师将义卖方式由去临街商铺推销改为去各单位推销，五常市教育局、审计局、银行、医院、米业公司等单位都给予学生大力支持。

更多的付出，也有了更多的收益，齐老师的脸上又重新绽放出了笑容。这期义卖最终集善款11 128元。

齐老师与学生的义卖活动开展得有声有色，得到了社会上的广泛认可、赞誉和支持。一些老板买了春联之后，还会留下孩子们的电话，再有客人前来就餐的时候，便盛赞齐老师和孩子们的义卖之举，希望客人们也去买他们的春联。

当孩子们接到陌生人电话要买春联的时候，一种特殊的温暖便不由自主地在心里回荡，因为爱不只在他们的心里生根、开花和结果，而且也在不断地向外传递，带动更多的人奉献爱心。

齐老师把生活当作教科书，通过义卖使学生接触社会，了解社会，尝尽人间百态。任何力量都阻挡不住义卖的脚步，每位志愿者忘我地与严寒和酷暑博弈，尽心竭力地推销，就是希望赚更多钱，帮助到更多身处困境的人。

樊兴举　黑龙江省五常一中班主任齐崇老师在德育实践中，通过丰富多彩的活动促进学生的德育生成，具有很强的推广价值，也践行了顾先生的德育理念。

顾先生的德育实践观融合了“爱”“兴趣”“活动”“文化”

四大支柱，强调德育教育要以学生为中心，通过情感联结、实践体验与环境营造来实现德育目标。杭州的云谷学校就是高科技背景下学校德育实践的一面全新镜子。

云谷学校以“培养面向未来的孩子”为核心目标，其道德养成体系以践行社会主义核心价值观和顾先生“学生是主体”思想为统领，融合了东西方教育理念，注重个性化发展、实践体验与文化浸润，积累了立德重行可资借鉴的经验。其核心理念是，从“知识教育”转向“全人教育”。

传统教育过度强调“教”（知识传授），而忽视了“育”（道德及文化品格培养）。云谷学校通过以下方式重构了道德教育新体系。突出顾先生强调“育”的学生主体性，将道德培养融入音乐、美术、体育等必修课程。例如，通过团队运动（如篮球），让学生理解“分享”与“合作”。将家庭定位为“育”的核心场景。指导家庭营造良好的家德家规家风，与学校共同塑造孩子的道德情操和价值观。通过体育竞技中的失利体验，培养抗压能力与成长型思维。通过跨学科活动与真实场景任务，把道德教育与社区劳动、敬老服务等公益项目结合，培养同理心与尊老敬老的道德责任感。通过历史年表设计等任务，开展读经典、讲故事、研学等活动，将历史反思与公民意识结合，加强中华优秀传统文化和红色文化的传承体验，厚植学生家国情怀。

首创“素养成绩单”，是该校道德养成领域的重要创新。通过道德讲堂、道德辩论赛、道德之星评选等，让学生阐释自身素养，提升道德体验。

倡导“谦卑、节约、高雅”的贵族素养和浩然正气的君子之德。例如，通过资源循环利用项目培养环保意识，反对物质浪费。

利用大数据分析学生行为习惯，为个性化引导提供依据。再如，通过课堂参与度数据，调整团队合作任务的完成情况。

云谷学校所建构的道德养成体系，给我们在全新视角下如何立德树人提供了一条全新的路径——以“全人发展”为内核，通过兴趣驱动、实践浸润与动态评价，塑造学生的责任感、创造力与全球视野。其核心启示在于：道德教育须跳出说教框架，转化为可体验、可量化的生活实践。

陶继新 学校也应当结合学生的年龄特点和兴趣爱好，精心设计并组织形式多样的德育实践活动。如开展志愿服务活动，让学生走进社区、敬老院、孤儿院等地，为他人提供帮助和关爱，培养学生的社会责任感与奉献精神；组织主题班会、演讲比赛、道德情景剧表演等活动，引导学生在参与过程中深入思考道德问题，提高道德判断和选择能力；利用节假日开展社会实践调研，让学生关注社会热点问题，增强学生对社会现实的认知，培养学生的公民意识和担当精神。

家庭是孩子道德成长的第一课堂，家长也要鼓励孩子参与家庭劳动、社区活动等，在实践中培养孩子的道德品质。

社会各界也应承担起相应的德育责任，为学生提供更多参与社会实践的机会和平台，如博物馆、科技馆、爱国主义教育基地等向学生免费开放，企业、社会组织与学校合作开展职业体验、公益项目等活动，形成家校社协同育人的强大合力，为学生的德育行动创造更广阔的空间。

樊兴举 2023年5月11日，顾先生在接受“人民德育”专访时指出："家校社协同育人是爱的教育。"同时，他对"人民德育"启动"百城万校协同育人行动计划"表示肯定。他要求，家校社要坚持以德为先，注重教育质量，为提升人口质量、推动中国式现代化贡献力量。

以下是家庭、学校、社会协同推进德育养成的典型案例，涵盖不同层面的实践模式与创新路径：

一是学校主导的德育活动设计。如高考励志远足活动。枣庄三中通过组织户外团队合作、励志演讲和心理辅导，帮助高三学生树立正确的人生观。家庭提供经济支持并参与活动筹备，社会资源如交警部门负责交通安全等，形成三方联动。该活动通过集体徒步、心理疏导等环节，增强学生抗压能力与团队责任感。

还有聊城三中的"成长型家长开放日"。学校创新家长参与形式。如，"家长助考日"，邀请家长担任监考员，沉浸式体验学生学习状态；"家长见证日"，在成人礼、高考誓师等节点让家长参与仪式，促进亲子情感共鸣。家长通过反馈表与学校互动，形成家校共育闭环。

二是家校社协同的课程开发与实践。中山市南区街道"良都博物馆课程"，结合侨乡文化资源，开发融合国家课程与地方特色的校本课程。例如，"侨乡导赏""博物馆课程"等活动，学生通过社区调研、文化讲解，深化对本土文化的认同。家庭参与节日活动策划，社会机构提供场地支持，实现"文化浸润式"德育。

合肥一六八中学"1+1+N"协同育人模式。该校以一支德育队伍、一所家长学校为核心，整合社会资源开发 N 项实践课程。例如，引入企业开设职业体验课，联合社区开展志愿服务，家长参与课程设计，形成"五育融合"的德育生态。

三是社会资源深度融入德育实践。如中山市青少年志愿服务项目。学校联合社会机构开展“公交美丽人”“映山红计划”等志愿服务，学生在公益活动中培养社会责任感。家长作为志愿者共同参与，社会机构提供平台资源，形成“服务—成长”良性循环。

龙岩市“在地化”德育活动。学校挖掘本地红色文化资源，组织学生参与革命遗址保护、社区道德讲堂等活动。家庭通过亲子共学红色故事，强化价值观传递。社会专家提供历史教育支持，实现德育与地域文化深度融合。

四是家庭教育的角色强化与创新。如扬州师范生家庭德育传承案例：父母均为教师，通过身教示范（如共读道德故事、讨论价值观）影响子女选择师范专业。家庭内部形成“德育对话”传统，学校与社区提供实践平台（如教育调研），实现代际德育传承。

泉州市丰泽区实验小学“成长中的感恩教育”。学校设计家务劳动打卡、亲子敬老活动，家长以身作则参与社区服务，社会机构提供敬老院实践基地，通过真实体验培养学生感恩意识。该案例入选省级家庭教育典型案例。

五是评价体系与技术支持创新。如素养导向的动态评价。中山市“素养成绩单”通过过程性记录（社区服务、作品集）和三次答辩评估学生品德发展情况，家长参与评价反馈，社会资源（如高校）认可素养成果。

还有大数据支持下的个性化德育。部分学校利用 AI 分析学生行为数据，例如，通过课堂参与度优化团队任务设计，家长通过平台接收成长报告，社会技术企业提供工具支持，实现精准德育。

2. 学科实践

陶继新 顾先生所说的“学生成长在活动中”有着深远的意义，它并非简单的学科知识应用，而是针对真实情境中的特定问题，运用具有学科特色的典型方法与思维方式展开的实践活动。正如新修订的义务教育课程方案所强调的，倡导学生像专家一样思考与行动。比如在语文学科中，公开演讲、戏剧表演等实践形式，让学生在语言运用与情感表达中深化对文学作品的理解；数学学科里，算法交流、实际问题建模求解等活动，促使学生运用数学思维解决生活难题。这种实践活动，将学科知识从书本中解放出来，融入真实世界，让学生在亲身体验中构建知识体系。

樊兴举 顾先生对真实情境下的学科实践教学改革有着深刻的见解和实践经验。他认为，学科实践应突破传统学科的界限，通过跨学科整合培养学生解决实际问题的能力。例如，深圳盐田区乐群实验小学构建了“风车式生态课程体系”。该体系通过跨学科项目式学习，将品德、人文、智能等五大领域融合，引导学生围绕现实问题展开探究，提升创新思维和合作能力。他提出：“教育应关注人的生态，让每个生命自由舒展。”他强调，学科实践要以学生为中心，结合社会需求重新设计课程形态。

顾先生主张学科实践须激发学生的内在动力。例如，在重庆科学城明远未来小学，学生通过“明远未来少年科学院”参与科学种植、创意时装秀等活动，将学科知识与实践结合，培养科学思维和创新精神。顾先生认为，学科实践应注重“学生成长在活动中”，通过动手实践深化对学科知识的理解。

顾先生指出，学科实践的成功离不开高素质的教师队伍。他推动设立教育硕士专业学位，提升教师的理论与实践能力，并倡导教师“以教育家精神勉励自己”。同时，他关注教育技术在学科实践中的作用，认为技术应服务于教学本质。如，通过人工智能减轻教师负担，但要避免过度依赖技术而忽视人文关怀。例如，他支持北京呼家楼中心小学提出的“留一块黑板”，在技术应用与传统教学间寻求平衡。

顾先生参与了多项教育政策的制定，推动学科实践与国家战略相结合。例如，他在《国家中长期教育改革和发展规划纲要》中提出“推进素质教育”，倡导通过学科实践培养学生的创新能力和社会责任感。他还呼吁废除“三好学生”评选、停办奥数班，主张通过更科学的评价体系促进学生的全面发展。

重庆科学城明远未来学校以顾先生的教育思想为核心，构建了“5+1”课程体系，将学科课程与综合实践结合。例如，学生通过“楼顶农场”项目学习植物学、生态学知识，并参与社会公益活动，践行“以‘艾’之名，将爱传递”的理念。顾先生亲自为学校题词，肯定其“新智慧教育”实践，认为此类学科实验是“为未来社会培养人才的教育”。

陶继新 在学科实践方面，山东省聊城市东昌府区英特学校做得风生水起而又大有收获。

先谈谈英特学校知行合一的课堂教学。

从 2016 年起，英特学校课堂教学中的“学”，就有了“学知”与“实践”的双重内涵。随之而来的，则是各学科课堂教学方式与学习方式的变革，让“学知”与“实践”比翼齐飞，达到“知者行之始，行者知之成”的境界。

语文课堂上，在教师的引领下，学生不但对课文内容与形式有了较好把握，而且在力所能及的前提下将课文生活化。学生通过平时的所见所闻所感，来解说课文的意蕴，于是，原本静态的知识，突然注入思维活跃的生机。即使是深奥阔远的古代文学知识，学生也能通过古为今用的方式，将古代的人与事拉到身边，赋予其新的意义。

数学学科本身就与生活有着密切的联系，教师将学生耳闻目睹的现实情景“搬运”到课堂之上，让学生切身感受到数学学习不只是书本上的知识，而是就在自己的身边。孩子们通过亲手操作，让原本抽象的数学知识变得生动形象起来，于是，便在心底升腾起了探索数学奥秘的浓烈兴趣，不但更加关注实践，学习成绩也步步高升。

英语课堂上，孩子们情绪高涨，侃侃而谈。课堂上，教师不是教材的传声筒，而是更多地让学生体验、实践、参与和合作的引导者与鼓励者。语言的习得，关键是有相应的环境，英特学校的教师就很好地为学生提供了一个学习英语的环境。不是让他们死记硬背英语单词，而是在小组合作学习中，让学生结合课文内容与现实场景，用英语彼此交流，从而让他们的口、手、大脑等全都动起来，让课堂成为语言实践的活动场地。学生从不会到会，品尝到了高效学习英语的快乐，并感受到了合作学习的无限乐趣。

樊兴举 聊城英特学校知行合一课堂践行了顾先生的“兴趣驱动”“实践导向”“情感联结”的情境教学思想。

李吉林作为中国情境教学的创始人，以“创设情境、激发情感、促进认知”为核心，将课堂与生活、艺术与学科深度融合。如，古诗情景化教学，情境观察与角色扮演的作文教学，跨学科整合的自然科学教学，戏剧、音乐融合于语文教学，大单元情境课程，自然与社会实践的野外情境课程，等等，都值得广泛借鉴。

陶继新　樊校长，我还要跟你谈谈英特学校因地制宜的户外学科实践。

各个学科之中的某些知识，可能与某个时间段与地点有着内在的联系，将学生所学知识移植到户外，于实践中让学生“学而时习之”，往往可以收到特殊的效果。为此，每年的寒假和暑假，英特学校的教师都要提前备课，从教材中因地制宜地选取可以于户外讲授的内容集体备课，深入地研究如何上好户外实践课。

每年的春夏秋冬四季，语文教师都会带着学生走出教室，到户外领略大自然的风光，于是，就有了“我和春天有个约会”“我和夏天有个约会”“我和秋天有个约会”“我和冬天有个约会”等别具特色的课堂。季节不同，特色各异，学生的感受也不一样，于是，教材中的知识在每个学生的心里都拥有了鲜活生动的呈现方式，学生不但把相应的课文学得更加深入，写作也因有了生活素材而更加真实而生动。清明节、端午节等传统节日，学生也移步户外，感受节日的由来与现实的美好，并生成独特的生命感悟。如此，学习就不止于学习知识，因有了切身感悟而呈现出万千的精神气象。

生活中的数学几乎无处不在。有了户外实践课堂，小小“方向观察员”“图形绘制员”“分类小能手”“测量员”等应运而生。学生们根据教材内容，结合现实场景，动脑动手动脚，忙得不亦乐乎。孩子们兴奋不已，因为那些相对抽象的数学概念与知识，在户外竟然摇身一变，转难为易，变抽象为形象。于是，爱学数学、学得深入，轻而易举地成了现实。

教材中的英语单词与短语等，要在课堂教学中与实践结合，学生才会感到熟悉易学。步入户外，随处可见的人物、场景和活动，学生往往情不自禁脱口而出，自然而流畅地使用英语。“What fruit do you like to eat？（你喜欢吃什么水果？）”“Join us to have a tug of war.（和我们一起拔河。）”“Amazing flea market！（令人惊叹的跳蚤市场！）”学生身处生活化的英语运用环境，哪怕一时不知所措，也会从其他学生争先恐后的表达中借鉴学习，豁然洞开。为了以后在户外课堂上不至于落伍，学生往往在上课之前认真预习，有的还在家长的陪伴下在生活中积极练习。学习英语，不只限于教室课堂，更大的户外课堂让学生产生了愿学、乐学的感情冲动，以及努力向上的精神追求。

英特学校的学科实践从教室走到户外，不只是从校园里走到本地的社区、公园等，而且还走出聊城，走上了研学旅行的道路。每次出行前，教师都要认真研究路线上有没有与教材相关的景点。于是，人来人往的旅游胜地，常常出现英特学校的“行走的课堂”，有时还会引得游人驻足观望，赞叹不已。

樊兴举　英特学校的户外学科实践做得确实很好，突破了课堂的物理边界。顾先生一贯主张通过户外学科实践，培养学生的综合素养与创新能力。顾先生的主要观点有以下五点：

一是活动教育与生活教育融合的核心理念。顾先生提出“学生成长在活动中”的核心教育原则，认为户外学科实践是活动教育的重要组成部分。他强调，学生的认知发展需要通过真实情境中的体验与探索来实现，而非单纯依赖书本知识。户外活动不仅是肢体参与，更是思维活动的延伸，能够帮助学生将知识内化为智慧，形成解决问题的能力。

建构主义认为，知识需要在真实情境中生成。例如，通过自然观察、社会调查等活动深化理解。再如，道德教育需要知行合一。顾先生指出，道德教育的关键在于“行”，只有通过实践活动（如环保行动、社区服务），学生才能将道德信念转化为自觉行为。

二是户外学科实践的路径设计。顾先生从课程设计、教师角色、评价方式三方面提出具体建议：

在课程设计上，顾先生倡导将户外实践融入学科教学，如，结合地理课组织地形考察，或通过生物课开展生态种植项目。他特别提到日本学校的“修学旅行”模式，学生通过远足活动学习历史、文化与社会责任。要支持研学旅行，如，通过实地考察自然与文化遗产，培养学生的爱国情怀与环保意识。

教师要从知识传授者转变为活动引导者。顾先生强调，教师需具备跨学科视野。例如，在户外科学实践中融合数学测量、工程设计与生态知识。

应构建包含户外实践在内的多元化评价机制，并反对机械化的作业与考试评价，提倡通过项目成果（如研究报告、实践日志）评估学生的综合能力，注重过程性评价。

三是顾先生通过国内外案例阐释户外学科实践的价值。日本中小学的远足（食宿自理）活动，在自主管理中培养责任感与合作能力。美国教师雷夫・艾斯奎斯的戏剧教育，学生通过户外排演莎士比亚戏剧，在角色扮演中提升表达力与团队精神，成绩显著优于传统课堂。

中国生命教育实验学校联盟通过户外自然观察（如水质检测、动植物研究）与社会公益活动，将学科知识与生命教育结合，培养“阳光人才”。研究显示，参与户外实践的学生在问题解决能力、创造力及社会责任感方面提升显著，知识留存率较传统课堂提高30% 以上。

四是构建户外学科实践的“大教育”生态。顾先生认为，户外学科实践应成为“大教育”生态的重要环节。家校社协同：鼓励家庭参与（如亲子自然探索）、社区支持（如提供实践基地），形成教育合力。本土化与国际化的结合：借鉴国际经验（如芬兰森林学校模式），同时扎根中国实际，如，将传统文化（如节气观察）融入户外课程设计。科技赋能实践：合理利用技术工具（如用移动终端记录观察数据），但始终以“人的体验”为核心，避免技术异化。

陶继新 英特学校有一个叫“生活清单”的实践作业——

双休日和寒暑假，英特学校会为学生布置一定的实践类作业，命名为“生活清单”，即观察生活中的人和事，参加有意义的活动，以文字记录，形成一种特殊的作业。

每年春天，语文教师都要给三年级学生布置双休日创意实践作业，让孩子们走向田野，观察万物复苏的自然景象，以及群众在田里劳作的情景。学生触景生情，感触良多，回到家里将所见所感写成作文，有的还绘制了图画或拍摄了照片，于是就有了文图兼美的创意作业。在五年级学生的暑假“生活清单”中，数学教师则让学生询问不同银行的存款利率，尝试制订理财计划；英语教师则让学生制作“My City（我的城市）”主题海报，介绍所在城市的自然与人文景观；美术教师让学生手工绘制邮票，到大自然中写生；科学教师则让学生制作小台灯，观察月相变化；劳动学科教师指导学生在假期中收集废旧材料，亲手制作科技小作品，并将自己的创意、制作过程、个人感受、他人评价等记录下来，开学之后，与同伴们分享。

这些“生活清单”，改变了作业单调乏味的形态，让孩子在生活的大天地里尽情发挥创意，而由此形成的文字或图像，也由于鲜活生活的介入，有了勃然的生机。英特学校的学科实践，让孩子们体验了“学知”与“躬行”的和谐之美。

樊兴举 英特学校的“生活清单”，使我想起了中国教育改革的倡导者、江苏省教委原副主任周德藩的南京小学生的“生活清单”——“科学认读”。其核心理念、实践路径和实验成果如下：

一是“科学认读”的核心理念。首先，基于汉字规律与儿童认知规律，周德藩强调，汉字是“图像、符号、声音和语意的统一体”，其教学须遵循汉字生成规律（如象形特征）与儿童认知发展规律。他提出，儿童从 6 个月起即具备图形识别能力，3 岁左右已能关联符号与事物，因此认读可早于书写开展。如，泰兴幼儿园儿童通过家庭麻将牌认识“东、南、西、北、中”等字，印证“生活即教育”的理念。其次，情境驱动与生活化学习。他反对传统课堂的机械记忆，主张“通过生活清单”，利用生活场景（如路牌、广告、商品标签）创设识字环境，使儿童在真实情境中自然习得汉字。如，超市商标的生动性远超课本，能激发儿童兴趣。再次，目标导向。受美国“八岁自主阅读”倡议启发，周德藩通过实验验证中国儿童同样可在八岁掌握 2500 个常用汉字，实现自主阅读，远超小学课标要求的 145 万字阅读量。主要手段是给孩子布置“生活清单”，家长帮助制作图文并茂的识字卡片，与课堂教学融为一体。

二是家校社协同资源开发，鼓励家庭参与“识字百宝箱”——“生活清单”的制作，社区提供实践基地（如湿地公园观察活动）。

阅读环境营造：学校图书馆、班级图书角与家庭小书房联动，推动“合格家庭小书房”评选，形成阅读生态。

三是成果及影响。识字量与阅读能力提升。参与实验的儿童八岁时平均识字量达 2500 字，小学毕业阅读量超 300 万字（标准为 145 万字），部分学生背诵大量古典诗词，语言表达力显著优于同龄人。无锡荡口小学 2008 级学生阅读量达 350 万字，语文素养辐射至其他学科。

教育模式的创新，推动了幼儿园与小学的衔接改革，以真实情境和现实生活为基础的“生活清单”，重新定位低年级识字教学的起点，缩短了识字周期。

“科学认读”被纳入教育部课题，成为“十一五”重点研究项目，推动多校开展子课题（如泰州许庄中心小学的“自主认读策略研究”）。周德藩的“科学认读”理念，影响了国家教育政策的制定，如，支持“研学旅行”纳入课程体系，促进素质教育落地。

陶继新　顾先生强调教育要注重学生全面发展，学科实践则整合了学科逻辑与经验逻辑，学生通过实践获取、理解、评价与运用知识，实现知识学习与经验生长的有机结合。在科学实验实践中，学生不仅掌握实验操作技能，更在实验设计、问题分析、结果讨论等环节，培育科学探究精神、批判性思维等核心素养，实现从知识学习到素养生成的跨越。

樊兴举　顾先生指出当前实验课教学流于形式的四个原因：一是应试教育挤压了实验课时；二是专职的实验教师严重不足；三是城乡学校实验设施不均衡；四是多媒体的应用，使很多教师用多媒体取代了演示实验，更谈不上分组实验了。

顾先生强调，实验课不仅是传授知识的载体，更是培养学生核心素养和创新能力的关键环节。他提出，实验教学应超越单纯的操作演示，要引导学生通过动手操作、观察提问、设计、验证的完整过程，建立对科学规律的深刻理解。如，物理教学中，可通过浮力实验，先让学生提出“如何让砝码不沉入水中”的问题，再设计方案，最后验收，激发学生探究兴趣并巩固知识。他进一步指出，实验课还要与生活情境紧密结合，实现“知”与“行”的统一。

如何做好实验教学？顾先生强调，要打破学科壁垒，整合跨学科知识；要减少教师单项讲解，多给学生动手机会；虚拟演示可以作为辅助手段，但不可替代真实操作。

3. 体艺赋能

陶继新　顾先生在《加强体育艺术教育，促进学生全面发展》一文中指出：“体育和艺术教育对于学生身心健康和审美素养提升至关重要。”

此言甚佳啊！

积极开展艺体活动，能够促进学生全面发展。首先，它可以让学生身心协调成长，因为艺术活动如音乐、绘画、舞蹈等，为学生提供了情感表达与审美体验的平台。学生在参与艺术创作与欣赏的过程中，感知美、创造美，情感得以丰富，心灵得到滋养。体育活动则通过各类运动项目，锻炼学生体魄，增强体质，培养坚韧意志与团队协作精神。二者相辅相成，实现学生身体机能与心理素质的协同发展，塑造健全人格。

同时，艺术体育活动还能有效激发学生的空间智能、身体运动智能、音乐智能等。参与戏剧表演，学生需理解剧本、塑造角色，在舞台上展现肢体语言与情感表达，这一过程全方位锻炼语言、空间、人际等多种智能；参与足球运动，球员在场上快速判断局势、协调身体动作、与队友默契配合，对逻辑思维、身体运动及人际交往智能均有促进。艺术体育活动如同神奇钥匙，开启学生多元智能的大门，挖掘其潜在才能。

樊兴举　习近平总书记强调，要全面加强和改进学校美育，坚持以美育人、以文化人，提高学生的审美和人文素养。体育是提高人民健康水平的重要途径，是促进人的全面发展的重要手段，是展示国家文化软实力的重要平台。二者不仅对培养学生人格的完善和健全起着相辅相成的重要作用，还肩负着培养担当中华民族伟大复兴重任的时代新人的重要使命，要推动美育与体育的协调发展。

如何加强和改进学校体艺教育？我认为，要从以下三个方面入手：

一是除高度重视、开齐课程、开足课时、丰富活动外，还要统筹社会资源，改善办学条件。高素质的体艺师资队伍，完备的体艺教学场所、器材是学校体艺教育的基础，要有充分的保障。

二是要鼓励各个学校根据自身优势，将具有民族和地方特色的体育艺术活动，编入课程，如，蒙古族的摔跤、藏族的锅庄舞、瑶族的竹竿舞、陕北的剪纸、苏州的版画、天津的泥人等，在传承“非遗”中引导学生从小增强体质，陶冶情操。

三是注重音体美的融合。在体育活动中领略运动的美感和音乐的韵律，如艺术体操。在体育和艺术的互动融合中，外修自身体魄，内修品格精神。

陶继新　广州市越秀区东风东路小学高度重视艺术体育活动，从2009学年起，便在各个年级开设了丰富多彩的校本课程。例如，在低年级开设了硬笔书法和体育舞蹈两门课程，聘请专家每周一节课对学生进行系统指导；在中年级开设了武术、乒乓球课程，请专业教练教授中国传统武术、乒乓球；在高年级开设了棋类课程，既引导学生们学会缜密思维、整体筹谋，也培养了学生们良好的心理素质。每一年的第二学期，学校都要举办篮球赛、足球赛。为了在有限的场地里，实现比赛的全员参与，让每个孩子体会到运动与竞技的乐趣，东风东路小学的教师们可谓煞费苦心，别出心裁。例如，全校的足球比赛，教师们在有限的操场里大摆“龙门阵”，画出一个个“龙门”，让孩子们射门。整个操场上欢声一片，热闹非凡，师生们沉浸在运动、竞技与创造的无限快乐中。

2015年2月，4—6年级又开设了音乐、美术“艺术课程超市”。当年9月，又增加了“体育课程超市”。“艺术课程超市”里的美术课程、音乐课程各设置了6门。音乐课程有：影视动漫音乐欣赏、音乐知识、演唱、小乐器演奏等。美术课程有：国画、电脑绘画等。

学校尽全力打造高追求、高质量的精品课程。比如“书法进课堂”这个项目，就专门聘请了书画院的知名专家，对有特长与爱好的教师进行专门培训，从而让教授书法的教师更专业，让学生学有所得。

在文体活动上，东风东路小学大力拓展学生们的参与平台，让尽可能多的学生都有机会参与进来。“六一”儿童节原本是全体孩子的节日，可往往这一天能在舞台上表演的只是少数孩子，更多的学生则成了兴味索然的“看客”，乃至成了事不关己的局外人。为了让每个孩子都能拥有演出的权利，让每个孩子都成为舞台的主角，体验节日的快乐和幸福，东风东路小学想尽千方百计，设计众多形式多样的庆“六一”活动，从以前只能让300多人“崭露头角”的舞台演出，逐渐发展为所有孩子都能参与其中的丰富多彩的活动，让每一个孩子都有了展示特长、绽放风采的机会。

樊兴举 广州东风东路小学的体育校本课程很有特色，响应了顾先生倡导的学校应根据自身资源开发特色艺术课程的理念。山东省邹平市黛溪小学的“五色兴趣”课程体系，音、美、体多元一体，通过“六步四环”教学模式提升了体艺教育的实效。这是又一个成功的案例。

陶继新 开展丰富多样的艺术体育活动为校园注入源源不断的活力。校园文化艺术节期间，歌声、笑声、掌声交织，各类艺术作品琳琅满目，展现出校园蓬勃的艺术氛围；体育节时，赛场上的呐喊助威、运动员的矫健身姿，让校园充满生机与活力。这些活动打破常规教学的单调，使校园成为学生向往的成长乐园。

校内艺体活动应当形成常态化的活动机制，让每位学生都有机会参与其中，展示自我。同时，还要进行多元化的校外拓展：加强与校外艺术团体、体育机构合作，组织学生参观艺术展览、观看体育赛事，参与校外艺术演出、体育交流活动等，拓宽学生视野，提升学生艺术体育活动的参与层次与体验深度，从而提升学生的身体素养和审美情趣。

樊兴举　顾先生继承了苏霍姆林斯基的“和谐教育”思想。他认为体育艺术教育不仅是体质和技术的培养，更能促进学生精神的成长，使个体在情感认识与社会性上实现均衡发展，为学校注入生机活力。

清华大学是我国的最高学府之一，我有幸应邀参加了清华大学的 108 周年校庆和运动会。令我终生难忘的不是清华辉煌的科学成就，而是独特卓越的体育教育。

“无体育，不清华”是清华大学百年传承的体育精神内核。它既是一句深入人心的口号，更是一套贯穿教育实践的行动纲领。这一理念强调体育在人格塑造、社会责任培养中的核心地位。通过制度保障、文化浸润和资源整合，清华大学形成独具特色的校园体育生态。以下是对其内涵与实践路径的深度解析：

一是制度保障。进行从时间到空间的系统性设计。

“黄金时段”的刚性预留。自 2025 年春季学期起，清华大学将每日第五节大课（17：05—18：40）设为“体育锻炼专属时段”，原则上不安排课程。这一政策使该时段文化课排课量同比减少 74%，上课学生数下降 86.1%，确保超过 98% 的本科生拥有自由锻炼时间。此举突破了传统教育中“体育让位智育”的惯性思维，以制度强制保障运动权益。

场馆资源全域覆盖。清华拥有近 23 万平方米的室内外体育场地，涵盖冰上运动中心、游泳馆、壁球馆等 43 类场馆，形成“步行 10 分钟可达”的运动网络。例如，冰上运动中心设置学生免费专场，气膜馆提供全天候运动环境，实现“全时段、全场景”覆盖。

“体育助教”体系创新。清华自 2017 年起推行“体育助教”制度，选拔百余名擅长体育的学生担任助教，为学生设计个性化锻炼方案。如，材料学院博士生严晓颖开发“行进间力量训练”，地球科学系博士生吴宇辉已连续 7 个学期指导新生，通过“同伴教育”降低运动门槛，提升参与黏性。

二是文化传承。从历史基因到现代精神。

百年体育传统的赓续。清华建校之初即提出“德智体三育并重”。20 世纪 50 年代起，学校即通过校园广播号召学生“为祖国健康工作五十年”，形成晨跑、赤足运动会等标志性活动。2025 年重启历史广播，每日 17：00 播放锻炼倡议，唤醒校友集体记忆与新生代身份认同。

竞技与大众体育的双轨驱动。精英竞技引领：承办 AJP 国家柔术冠军赛等国际赛事，将柔术“坚韧尊重”的精神与清华体育文化融合，通过 CCTV 直播扩大影响力。

三是全员参与机制。全校设立近 60 个体育社团，开展“一月一节”（体育节、艺术节等）活动，推行“不会游泳不能毕业”“人人必修长跑”等制度，确保体育不落一人。

采用“六步四环”教学模式（趣味导入、分层实践、成果展示等），开发飞盘、攀岩等新兴项目，将运动与游戏结合。例如，体育助教设计“体育社团体验日”，让所有学生从“被迫参与”转向主动通过体育培养“完全人格”。冬季长跑、赤足运动会等挑战生理极限，强化抗压能力。篮球联赛、万米接力等集体项目塑造责任意识。武术社、龙舟队等传统文化社团增强民族认同。

针对“脆皮大学生”体质下降现象，清华以日均运动量提升、肥胖率下降等数据证明其模式的有效性。2020 年教育部抽测显示：大学生体质不合格率达 30%，而清华通过强制锻炼与柔性引导相结合，成为高校体育改革的标杆。

清华通过集团化办学向农村学校输出体育课程资源（如杭州教育集团模式），破解城乡体育资源失衡难题，推动“每天一节体育课”政策落地。

全民健身的校园样板。其“场馆开放＋社群运营”模式（如晨跑队、夜跑团）被多所高校效仿，形成“体教融合”的社会化延伸。2025 年政府工作报告中“青年强意志工程”即吸纳清华经验。

蔡元培说：“完美人格，首在体育！”“无体育，不清华”绝非空洞口号，而是以制度刚性（时间保障）、文化柔性（精神传承）、资源韧性（场馆覆盖）构建的立体化育人体系进行扎实保障。这一模式，既回应了“体质下降”的社会焦虑，更重塑了体育作为人格教育核心的地位，为高校乃至基础教育改革提供了可复制的范式。未来，如何将“清华经验”转化为普惠性政策，让更多学生享受“体魄与人格并重”的教育，将是教育现代化的关键命题。

4. 劳动育人

陶继新 顾先生在《新时代劳动教育的价值与实施》一文中指出：“劳动教育是全面发展教育的重要组成部分，要让学生在劳动中成长。”

顾先生不只是这样说的，也是这样做的。据他讲，20 世纪 80 年代他在北师大附中工作的时候，学校就设有生产车间，有几台机床。他在那里和学生一起劳动，学会了车个小零件。夏天他带学生到农村割麦子，秋天收白菜，在劳动中受到锻炼。

顾先生说：“‘文革’期间，先是到北京第三轧钢厂做小工，搬 50 公斤的钢带；再到燕山东方红炼油厂建厂烧锅炉；后来在临汾吕梁山脚下垦荒两年。我本来身体很懦弱，经过劳动锻炼，居然不到 90 斤的身躯竟能挑起 100 多斤的水桶，夏天割麦子还能和年轻人比一比，也在劳动中学到不少农业知识。劳动回来，生活有规律了，身体渐渐好起来，体重也随着年龄的增长增加起来。”

樊兴举 马克思、恩格斯在《共产党宣言》中强调：“对一切儿童实行公共的和免费的教育，把教育同物质生产劳动结合起来。”毛泽东的“教劳结合”的思想，是我国长期坚持的教育方针。党的十八大以来，习近平总书记高度重视劳动教育。中共中央、国务院发布了《关于全面加强新时代大中小学劳动教育的意见》，把劳动列入“五育”，作为立德树人根本任务的重要内容之一。

顾先生从自己多年亲身的劳动中感悟到了劳动的价值。他认为，劳动不仅是技能训练，更是培养健全人格的关键途径。在学校，学生通过劳动能够增强自信心、毅力、吃苦精神和社会责任感，会认识到“劳动是财富的源泉”，真正懂得“一粥一饭，当思来处不易；半丝半缕，恒念物力维艰”，从而尊重劳动者，热爱劳动。

陶继新 我拉过3年地排车，穿行于河南、山东、江苏和安徽四省之间长达3年之久，还当过地地道道的农民7年之多；即使上学期间，课余之时，除睡觉吃饭外，时间也几乎全部“耗”在了田地里。出力之大之多，吃苦之多之长，绝非一言所能道尽。直到32岁，我才告别了农村，当上了教师。在一般人看来，在别人学习和工作的时候，我却出着牛马之力，一定对劳动“恨之入骨”了。其实，恰恰相反，没有那么多年的劳作之苦，今天我就不可能取得这么大的成绩。

直到现在，我依然每天忙得不亦乐乎，又每天都有丰硕的收获，精神的幸福女神，一直在我身边尽情地舞蹈。

何以会有这种景象，一般人想都不会想到，这与儿童、少年和青年时代的农村劳动，有着密不可分的关系。

何以言得？

我长期品尝劳动的艰辛，所以，一旦有了学习的机会，便有一种饥不择食的感觉，40多年来，我每天都在如饥似渴地学习着，即使春节与除夕，也从未休息。正是那么多年的劳动，让我心里一直回荡着努力向上的生命动力。我几乎每天都可以听到自己生命拔节的声响。我甚至可以说，昨天的陶继新，一定赶不上今天的陶继新；明天的陶继新，一定超过今天的陶继新。同时，正是因为有了生命价值不断实现的喜悦，心灵的幸福也不期而至。

正是那么多年的劳动，给了我终生不竭的动力，让我一往无前，永不懈怠。

劳动给我的另一个收获则是身体的强健。想当年，那么重那么累的活，春夏秋冬，严寒酷暑，我几乎一天都没有中止过劳动。我非但没有被劳动压垮倒下，反而愈挫愈坚，身体也变得格外强壮。

所以，77岁的我，依然感到天天生机勃发。没有以前的劳动，哪有我今天的生命样态。

现在，我已经不在田地里劳动了，可当年的劳动，却给我以生命启示。我必须活动，所以，参加工作之后的40多年时间里，不管春夏秋冬，我都会到户外活动。不管炽日炎炎似火烧的盛夏，还是北风凛冽的严冬，我都坚持到外面锻炼。不仅早晚，午后还要上山一个多小时。

正因如此，我工作的时候，效率极其高，心情特别好，尤其是写作的时候，思绪飞扬，幸福不已。

而这幸福的生命样态，与我那么多年的劳动休戚相关，而且也让我有了新的生命感悟。

正像我当年在农村劳动的时候一样，我要应春夏秋冬而动，不能追求一时的舒服而去开空调或打开暖风机，而是走进天地之变中，享受大自然给予我的不同感受。

劳动让我有了这种感悟之后，我可以接受人们常说的快乐，也会接纳人们普遍认为的苦痛；对我来说，这些都是生命成长的滋养。没有这些不同的滋养，就不可能有今天的陶继新。

樊兴举 马克思说："劳动创造世界。"顾先生认为，劳动是人与世界建立关系的核心方式，通过"动手即创造"的过程，得以摆脱被动接受知识的异化状态，实现"手脑并用"的完整人性发展。

陶继新老师成长在那"激情燃烧的岁月"。3年的拉地排车、7年的种地生活，备尝了一个普通农民的酸甜苦辣和疾苦，但他不为那段峥嵘时光遗憾，而认为那是宝贵的阅历和人生财富。是的，十年一剑，让他树立了梦想，强健了体魄，磨砺了意志，提升了境界，为今后的风雨兼程安上了长效的马达，注入了不竭的动力。在此，谨以《增广贤文》的一首小诗献给我景行行止的师父陶继新老师："未曾清贫难成人，不经打击老天真。自古英雄出炼狱，从来富贵入凡尘。醉生梦死谁成器，拓马长枪定乾坤。挥军千里山河在，立名扬威传后人。"

陶继新 今天的学生，没有了田地劳作之苦，没有了风吹日晒之侵袭，疏离了本应经历的磨难，没有了与天地合一的生命滋养。如果再没有相应的锻炼，怎能健康？又怎么能让整个生命长河始终流淌着鲜活之水？又怎能让自己在身心健康的时候，持续不断地绽放着精神的光芒？

樊兴举 读书人脱离劳动的危害古人早就发现了。《论语·微子》云："四体不勤，五谷不分，孰为夫子？"形容部分读书人脱离劳动、脱离实践的样子。这不仅是古代人对不劳动现象的批评，对现代人尤其是青少年学生脱离劳动、缺乏对生产和社会了解也有很好的警示意义。如，许多城市的孩子分不清小麦与水稻、韭菜与杂草，甚至认为食物"天然来自超市"；部分年轻人依靠外卖和速食生活，不会煮饭、炒菜；一些学者纸上谈兵，过度依赖人工智能，而失去人的本能；等等。

陶继新 可喜的是，有的学校已经意识到劳动教育的重要性，并且在这方面进行了有益的探索。

地处城乡接合部的山东省临朐县东城街道兴安小学，将"田园教育"引入学校，让学生品尝到了劳动教育之果的甘美。

兴安小学的“田园教育”中有专门的劳动课程，让学生参与劳动，从劳动中体验到辛苦与幸福，以至爱上劳动，升华了人生境界。

学校开辟出了3300平方米劳动实践基地，实行“班田制”管理。每学年初，学校把基地划分到各个中队，放手由各中队负责，并在基地显要位置标注负责的中队及队长姓名。

兴安小学的劳动教育不仅因地制宜、因人而异，还注重系列化与科学性。低年级学生参加的主要是“认识花草树木”“我和植物做朋友”等简单易行的活动，让他们在轻松自如中体验劳动的意义。中高年级学生则以劳动实践基地为平台，关注家庭、社会的种植及绿化等问题，力所能及地参加劳动。

学校要求学生每学年至少亲历一种植物生长的全过程，从开荒、晒地、播种到浇水、施肥、除草、灭虫，以及收获果实，亲手采摘蔬菜并加工成美食。在这个完整而系统的劳动过程中，孩子们不但观察到植物生长的情形，学会和掌握了一定的劳动技能，而且体验到了喜获丰收的快乐与成就感。

走进劳动实践基地，我们不但可以看到孩子们在基地劳动的景象，其喜人的成果也尽收眼底。

“百花园”以种植花草为主。经过几年的努力，已经掌握了各类花草栽培技术的孩子们，让各种各样的鲜花应时开放、争奇斗艳。徜徉在三季有花、四季常青的校园里，多会不由自主地生成一种心旷神怡的美感。而每年五月第一周在“百花园”举办的“辨花大赛”，又在这美丽的自然景色中摇曳出了人文的精神气象。

“百果园”里多为苹果、桃、杏、山楂、樱桃等水果。孩子们不但学会了瓜果的培育和管理，也有了采摘的经验。在连续举办三届的采摘节和“西瓜大王”比赛中，到处洋溢着孩子们的欢声笑语；瓜果飘香的校园里，不时回荡着“风景这边独好”的儿童情趣。

“艺博园”主要以盆景艺术为主，近百盆梅花、流苏、桂花等花卉使“艺博园”小具规模。要想栽培好被誉为“立体的画”和“无声的诗”的盆景，不但需要细心，还要具备一定的技术甚至艺术品位。这对于小学生来说有一定的难度，可他们又有着巨大的潜能，其栽培的盆景，荡漾着童趣，而又不失自然之美，这让他们既体验到了劳动的乐趣，又感受到了“劳动创造美”的真谛。

“播种园”以种植应时蔬菜为主，旨在让学生学会蔬菜的种植、管理、采摘、储存等方面的知识。在这个过程中，学生明白了蔬菜是如何生长的，并为品尝到自己亲手种植的蔬菜而自然生发出自豪感。

在“冬暖式蔬菜大棚”里种植蘑菇和在“播种园”里种植蔬菜有异曲同工之妙。孩子在棚里种上蘑菇，一天天记录着棚里的温度和湿度，看着蘑菇出苞、长大，再亲手采下送到食堂，最后端上自己的餐桌，一种美滋滋的感受便情不自禁地在心中回旋起来。

平时衣来伸手、饭来张口的孩子们，以前根本不知道这些幸福生活的来之不易。可是，当他们手持锄镰锹镢挥汗如雨地劳作于学校劳动实践基地的时候，才体会到了“锄禾日当午，汗滴禾下土”的意蕴，懂得了“谁知盘中餐，粒粒皆辛苦”的意义，于是，节约粮食和敬畏劳动的意识自然而然地形成。学生平时在校外看到在工地上汗流浃背忙碌的农民工时，不再是熟视无睹，而是不由自主地升腾起一种敬仰之情。而对于终日劳动于田间地头的父母，更是多了几分爱戴，有的还在节假日主动要求与父母一道下田干活，家长为孩子的一份孝心而深感欣慰。

令人欣喜的是，学校的3名学生于2020年被山东省妇女联合会、山东省教育厅表彰为“山东省美丽庭院劳动小模范”，学校也被评为“农村综合实践活动研究实验校”。

更重要的是，孩子们由此爱上了劳动，并在劳动中获得了身体与精神上的巨大收益。经常参加劳动的孩子，一般来说不仅身体健康，而且还会在无形中生成一种吃苦耐劳的精神和百折不挠的意志品质。这对锻造人格乃至终身发展，都会起到极大的作用。

樊兴举 顾先生认为，学校开展劳动教育，能让孩子在动手实践中理解劳动人民的艰辛，从而尊重劳动成果，形成正确的价值观。以下是近年来国内劳动教育领域的成功案例，结合不同学段和地域特色，体现了理论与实践结合、家校社协同育人的创新模式。

一是小学阶段：清单机制驱动五育融合（烟台市鲁峰小学）。

核心理念：以“清单联动”机制解决劳动教育“教什么，如何教”的问题，将劳动融入校园、家园、社园、田园四大场景。

实践亮点：分层清单设计：每学期 5 项任务，10 学期共 50 项，涵盖自我服务、家庭参与、学校合作、社会关心。如，低年级整理书包、高年级参与社区服务。跨学科融合：语文课挖掘劳动品质，数学课计算种植成本，美术课以劳动成果为创作素材，实现“劳动 + 学科”的渗透教学。家校协同：开设“魔幻厨房”美食课堂，家长参与开发“舌尖上的二十四节气”等食育课程，增强家庭劳动教育实效性。

二是乡村小学：田间课堂激活劳动教育（重庆竹园镇第一完全小学）。

特色模式：依托乡村资源，开发 10 余亩农田实践基地，开展“田园式”劳动教育。

实践亮点：真实劳动场景：学生参与油菜花人工授粉、农作物种植与观察，结合绘画记录劳动过程，实现“劳动＋自然＋美育”融合。全时空教育：打破课堂限制，劳动实践贯穿四季，学生体验从播种、管理到收获的全周期，培养尊重劳动的意识。

三是初中阶段：和合课程体系构建（诸城市第一初级中学）。

课程体系：以“和健、和雅、和美、和行、和融”五大课程为核心，构建“超市型”劳动教育系统。

实践亮点：复合型师资：整合专职教师、校外工匠与职业学院专家，分层次满足基础劳动、职业劳动与创造性劳动需求。三步九法教学模式：通过“课内研讨—实地劳动—总结分享”三阶段，结合研究性学习、真实情境实践等方法，强化劳动素养。多元评价：采用“3+X”机制，涵盖学生自评、家长反馈、基地导师评价，记录全过程劳动表现。

四是高中阶段：非遗赋能劳动教育（龙口崇实中学）。

创新实践：将非遗技艺融入劳动课堂，开展“家乡的非遗”大单元教学。

实践亮点：沉浸式课堂：以黄县肉盒制作为例，学生学习和面、调馅、煎制等传统技艺，感悟匠人精神。项目化延伸：扩展至食材采购、成本核算、市场调研，形成完整产业链学习，培养综合实践能力。文化传承：串联龙口布老虎、粉丝制作等“非遗”项目，构建特色劳动课程群。

五是高校阶段：模块化劳动实践体系（山西大学）。

体系构建：开设“日常生活性劳动”“专业创造性劳动”等四大模块，覆盖校园生活与社会服务。

实践亮点：技能性课程：如“中餐烹饪”课由食堂大厨授课，

本书作者陶继新（右）、樊兴举（左）与顾明远先生

学生掌握烹饪技巧并了解饮食文化，参与“厨王争霸赛”。校园生态实践：园艺课学生涂白树木、种植花草，学习病虫害防治，增强环保意识。劳动学分制：完成劳动课程可获学分，激励学生参与劳动实践。

文化赋能：将劳动教育与传统文化、地域特色结合，增强教育深度与吸引力。

这些案例体现了劳动教育从“知识传授”向“素养培育”的转型，为破解“四体不勤，五谷不分”问题提供了实践路径。

附

顾明远先生教育名言 50 条

1.“明远四句”：没有爱就没有教育，没有兴趣就没有学习；教书育人在细微处，学生成长在活动中。

2.“明远四喻”：像松树一样做人，坚挺不拔；像小草一样学习，随处生根；像大海一样待人，海纳百川；像细雨一样做事，润物无声。

3. 爱是教育的本源，也是教育的起点。

4. 要公平对待每一个学生，不偏爱、不歧视，不把学生分成三六九等、贴标签。

5. 爱学生最重要的是尊重和信任。教师要学会与学

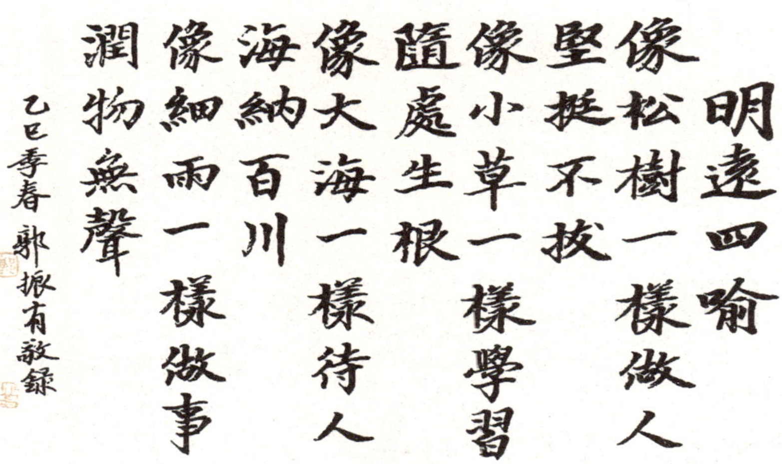

明远四喻　郭振有书

生平等沟通，耐心倾听学生的话。

6. 教育是点燃思维的火把，而非填满知识的容器。

7. 爱孩子要让孩子接受，才能达到爱的目的。不接受甚至逆反就是爱的方式出了问题。

8. 教育不仅是现在的知识传递，更是为孩子的一生奠基。

9. 孩子是千差万别的，教育要尊重这种差异，做到因材施教。

10. 教育要为学生打好三个基础：打好学生身心健康成长的基础，打好学生终身学习的基础，打好学生走向社会的基础。

11. 孩子对学习的兴趣是天生的。

12. 兴趣是学习的动力，学生学习要从培养兴趣爱好开始。

13. 学生是学习的主体，有了兴趣才能发挥他的主体性。

14. 搞好师生关系是培养学生学习兴趣的重要条件。

15. 兴趣是可以培养的，这就要靠教师的教育艺术、教育智慧。

16. 教育要超越知识，指向人的全面发展。

17. 学生不是被动地接受教育，而是有选择性地接受，所以，必须激发兴趣。

18. 学习兴趣的培养，是培养拔尖创新人才的关键。

19. 学生的兴趣和自我学习能力，单靠老师的讲授是无法培养的。

20. 不要把孩子放在“笼子”里，而是要放飞他们。

21. 启发式教学的核心在于激发学生的内在动力。

22. 教育的真谛不是“教会学生做题”，而是“教会学生像数学家一样思考”。

23. 教学不能满堂灌，学生不能被学习。

24. 没有兴趣，尤其是课堂上没有兴趣，是学生最大的负担。

25. 学生课业负担过重，不仅影响到学生的学习兴趣，而且会影响学生的身心健康。

26. 丰富多彩的课程是实现因材施教的关键。

27. 学生不是橡皮泥，可以随意塑造。

28. “减负”不仅仅是减少一点作业，最根本的问题是培养学生开朗的性格、开放的心态和健全的人格。

29. 教育公平不仅要提供公平的入学机会和教育过程，最终要使每个儿童的兴趣和潜能都得到充分发展，获取教育的成功。

30. 课堂的本质是培养思维，提高生命的质量，提升生命的价值。

31. 儿童的感情是很丰富的，但也是很脆弱的，需要老师细心观察，细心呵护。

32. 教师要善于发现学生的优点，因为每个学生总会有某种优点，老师要善于用学生的优点来克服缺点。

33. 要重视学生的年龄特征，特别是少年期的逆反特征。

34. 学生有时候会犯错误，老师要考察原因，不要贸然下结论。

35. 患抑郁症的学生大都是聪明、成绩好的学生，但家长、老师往往没有觉察。

36. 教育的艺术在于将大道理化为小行动。

37. 儿童的发展需要多种感官的联动，运用的器官越多，感觉事物的能力就越强。

38. 教师应在细微处关注学生的情感需求，一个眼神、一句鼓励的话可以使学生铭记一生，一句无心之言也可能对学生造成伤害。

39. 有时候老师不经意的活动会伤害儿童的感情。

40. 真正的教育不是“批量生产”，而是通过观察细节，发现每个学生的独特性，从而调整教育方式。

41. 教育是在师生相互活动的细节中进行的，灌输说教都是没有效果的。

42. 我提倡的活动教育，是指儿童依靠自己的活动成长的教育。

43. 教学活动的本质就是要培养学生的思维。

44. 思想品德教育更应该在学生的活动中培养，让学生在活动中去体验。

45. 学生的创造力由内在动力、开放性、坚毅力、智慧和领导力构成。

46. 学校教育的变革主要发生在课堂上。

47. 课堂要让学生活动，但并不排斥老师讲授指导。如果老师的讲授也能启发学生思维，也是一堂好课。

48. 校长的领导力表现在有没有改革的勇气和整合课程的能力，最重要的是有没有把老师结合成一个学习活动的共同体。

49. 校长要走进课堂、走进教师、走进学生。

50. 学校有必要组织学生开展各种活动，特别是要鼓励学生自己组织各种活动。

跋

山东教育出版社积极响应习近平总书记关于“大力弘扬教育家精神”的号召，出版由著名教育家顾明远先生为总顾问的“教育家精神传习录”丛书。在顾先生的悉心指导下，陶继新老师携我合著的《明远四句》一书便应运而生。

顾先生从教七十五载如一日，以其四喻“像松树一样做人，坚挺不拔；像小草一样学习，随处生根；像大海一样待人，海纳百川；像细雨一样做事，润物无声”为人生信条，立足中国，放眼世界，用他执着如一的教育情怀，锻造了辉煌而幸福的人生。

作为教育泰斗，顾先生博学卓识，深耕教育，传承中华优秀教育文化；作为新中国比较教育学重要奠基人，顾先生兼收并蓄，汲取世界教育文化之精华；作为“教育老兵”，顾先生宝刀不老，勇立潮头，站在世界教育创新的最前沿。他虽耄耋之年，依然行走在大江南北，笔耕不辍，奖掖后学，以其执着的教育情怀和“大先生”的教育智慧积淀了教育真谛“明远四句”：“没有爱就没有教育，没有兴趣就没有学习；教书育人在细微处，学生成长在活动中。”

我师从顾先生近二十年，深受先生崇高师魂的熏染，亦蒙先生教育思想和智慧之引领，尤其是这次斗胆为

“明远四句”拙笔解读，在老人家的不倦教诲中又得到了成长。“朝闻道，夕死可矣。”花甲之岁，再蒙醍醐灌顶，在此，对恩师致以崇高的敬意！

我与陶老师以“明远四句”为蓝本，遵循顾先生“讲故事，说道理”之训谕，历览古今中外之教育案例，以鲜活实例解读顾先生思想，希冀打破理论与实践的壁垒，让“明远四句”成为广大教师的座右铭，让教与学在爱、兴趣、活动的细微处相得益彰，让每个学生在爱与被爱中健康成长，让教育在守正与创新中蓬勃发展。

“没有爱就没有教育”，是教育根脉涌动的清泉；“没有兴趣就没有学习”，是催开万千蓓蕾的春风；“教书育人在细微处”，如露珠凝聚的璀璨晨星；“学生成长在活动中”，似飞鸟的痕迹写满天空。让我们在感悟“明远四喻”中幸福年轻，在践行“明远四句”中砥砺前行！

是为跋。

樊兴华

2025 年 5 月 18 日